Schöningh

EinFach Deutsch

Unterrichtsmodell

Arthur Schnitzler

Traumnovelle

Erarbeitet von
Melanie Prenting

Herausgegeben von
Johannes Diekhans

Baustein 5: Träume (S. 59–77 im Modell)

5.1	Albertines Traum	Kapitel V S. 122 im Anhang der Textausgabe	Textarbeit, Unterrichts- gespräch, Tafelskizze Arbeitsblatt 12–14 Zusatzmaterial 4
5.2	Traumdeutung	Kapitel V	Textarbeit, Unterrichtsge- spräch, Tafelskizze Schreibauftrag Szenisches Spiel Arbeitsblatt 15–16
5.3	Traumlos nah	Kapitel VI und VII	Textarbeit, Schreibauftrag Unterrichtsgespräch Tafelskizze Szenisches Spiel

Baustein 6: Aufbau und Novellenform (S. 78–96 im Modell)

6.1	Figurenkonstellation	gesamte Novelle	Textarbeit, Tafelskizze Unterrichtsgespräch
6.2	Aufbau und Handlungsstränge	gesamte Novelle	Textarbeit, Unterrichts- gespräch, Tafelskizze Arbeitsblatt 17 Zusatzmaterial 5
6.3	Novelle	gesamte Novelle S. 106ff. im Anhang der Textausgabe	Textarbeit Tafelskizze
6.4	Erzähltechnik	gesamte Novelle	Textarbeit, Unterrichtsge- spräch, Arbeitsblatt 18 Zusatzmaterial 2 und 8
6.5	Leitmotive und Symbole	gesamte Novelle	Textarbeit Präsentationen
6.6	Erzählungen der Jahrhundertnovelle		Textarbeit, Schülerreferate Unterrichtsgespräch Schreibauftrag Szenisches Spiel Arbeitsblatt 19–23 Zusatzmaterial 5 und 6

Baustein 7: „Eyes Wide Shut" (S. 97–107 im Modell)

7.1	Die Handlung des Films und der „Traumnovelle" im Vergleich	Film „Eyes Wide Shut"	Beobachtungsauftrag Arbeitsblatt 24
7.2	Analyse filmsprachlicher Mittel	Film „Eyes Wide Shut"	Beobachtungsaufträge Filmanalyse Präsentationen Arbeitsbaltt 25 Zusatzmaterial 9
7.3	Rezeption	S. 156ff. im Anhang der Textausgabe	Textarbeit Unterrichtsgespräch Schreibauftrag Arbeitsblatt 26–28

Traumnovelle

Baustein 1: Einstiege vor der Lektüre (S. 18–25 im Modell)

1.1	Zugang über den Titel der Novelle		Unterrichtsgespräch Schreibauftrag Arbeitsblatt 1–2
1.2	Zugang über den zeitgeschichtlichen Kontext	S. 93 ff. im Anhang der Textausgabe Kap. 2 im Anhang der Textausgabe S. 127 ff. im Anhang der Textausgabe	Projektarbeit Schülerreferate Schreibauftrag Arbeitsblatt 3

Baustein 2: Das erste Kapitel (S. 26–35 im Modell)

2.1	Die Hauptpersonen und ihr Lebensumfeld: Fridolin und Albertine	Kapitel I S. 132 im Anhang der Textausgabe S. 134 ff. im Anhang der Textausgabe	Textarbeit, Schreibauftrag Mal-/Zeichenauftrag Collage, Tafelskizze Arbeitsblatt 4
2.2	Der Grundkonflikt: Die Redoute und anschließende Geständnisse	Kapitel I	Textarbeit, Schreibauftrag Unterrichtsgespräch Tafelskizze, Arbeitsblatt 5
2.3	Die Atmosphäre: Das Verhältnis von Tag und Traum	Kapitel I	Textarbeit Tafelskizze
2.4	Der expositorische Charakter des ersten Kapitels	Kapitel I S. 106 im Anhang der Textausgabe	Unterrichtsgespräch Textarbeit, Tafelskizze

Baustein 3: Nächtliche Begegnungen (S. 36–48 im Modell)

3.1	Drei Frauen: Marianne, Mizzi, Pierrette	Kapitel II und III S. 137 f. im Anhang der Textausgabe	Textarbeit, Unterrichtsgespräch, Tafelskizze Schreibauftrag Szenisches Spiel Arbeitsblatt 6 Zusatzmaterial 2 und 3
3.2	Nachtigall	Kapitel IV	Textarbeit, Schreibauftrag Szenisches Spiel Unterrichtsgespräch Schreibauftrag, Tafelskizze Arbeitsblatt 7
3.3	Gibiser	Kapitel IV	Textarbeit Mal-/Zeichenauftrag Unterrichtsgespräch Tafelskizze Arbeitsblatt 8 Zusatzmaterial 1

Baustein 4: Die geheimisvolle Gesellschaft (S. 49–58 im Modell)

4.1	Die Anreise zur Villa	Kapitel IV	Textarbeit, Schreibauftrag Arbeitsblatt 9 Zusatzmaterial 2
4.2	Die Geheimgesellschaft	Kapitel IV	Textarbeit, Schreibauftrag Unterrichtsgespräch Tafelskizze Arbeitsblatt 10–11
4.3	Die Rückkehr in die gewohnte Realität	Kapitel IV	Textarbeit, Schreibauftrag Unterrichtsgespräch Tafelskizze

Bildnachweis

S. 9: Museum Georg Schäfer, Schweinfurt – **S. 48**: Entnommen aus: Erläuterungen und Dokumente zu Schnitzlers „Traumnovelle". Stuttgart: Reclam 2006, S. 28 – **S. 71**: Deutsches Literaturarchiv Marbach – **S. 74, 117**: AKG, Berlin – **S. 76**: akg-images – **S. 116**: Bildarchiv Preußischer Kulturbesitz, Berlin

www.schoeningh-schulbuch.de
Schöningh Verlag, Jühenplatz 1 – 3, 33098 Paderborn

Druck 5 4 3 2 / Jahr 2011 10 09
Die letzte Zahl bezeichnet das Jahr dieses Druckes.

Umschlaggestaltung: Jennifer Kirchhof
Druck und Bindung: Media-Print Informationstechnologie GmbH, Paderborn

ISBN 978-3-14-022460-4

Vorwort

Der vorliegende Band ist Teil einer Reihe, die Lehrerinnen und Lehrern erprobte und an den Bedürfnissen der Schulpraxis orientierte Unterrichtsmodelle zu ausgewählten Ganzschriften und weiteren relevanten Themen des Faches Deutsch bietet.

Im Mittelpunkt der Modelle stehen Bausteine, die jeweils thematische Schwerpunkte mit entsprechenden Untergliederungen beinhalten.

In übersichtlich gestalteter Form erhält der Benutzer/die Benutzerin zunächst einen Überblick zu den im Modell ausführlich behandelten Bausteinen.

Es folgen:

- Hinweise zu den Handlungsträgern

- Zusammenfassung des Inhlats und der Handlungsstruktur

- Vorüberlegungen zum Einsatz der Novelle im Unterricht

- Hinweise zur Konzeption des Modells

- ausführliche Darstellung der einzelnen Bausteine

- Zusatzmaterialien

Ein besonderes Merkmal der Unterrichtsmodelle ist die Praxisorientierung. Enthalten sind kopierfähige Arbeitsblätter, Vorschläge für Klassen- und Kursarbeiten, Tafelbilder, konkrete Arbeitsaufträge, Projektvorschläge. Handlungsorientierte Methoden sind in gleicher Weise berücksichtigt wie eher traditionelle Verfahren der Texterschließung und -bearbeitung.

Das Bausteinprinzip ermöglicht es dabei den Benutzern, Unterrichtsreihen in unterschiedlicher Weise und mit unterschiedlichen thematischen Akzentuierungen zu konzipieren. Auf diese Weise erleichtern die Modelle die Unterrichtsvorbereitung und tragen zu einer Entlastung der Benutzer bei.

Das vorliegende Modell bezieht sich auf folgende Textausgabe:
Arthur Schnitzler: Traumnovelle. Paderborn: Schöningh Verlag 2009. Best.-Nr. 022459-8

 Arbeitsfrage

 Einzelarbeit

 Partnerarbeit

 Gruppenarbeit

 Unterrichts-gespräch

 Schreibauftrag

 szenisches Spiel, Rollenspiel

 Mal- und Zeichenauftrag

 Bastelauftrag

 Projekt, offene Aufgabe

Inhaltsverzeichnis

1. Die Hauptpersonen der Novelle   10

2. Der Inhalt der Novelle   12

3. Vorüberlegungen zum Einsatz der Novelle im Unterricht   14

4. Zur Konzeption des Unterrichtsmodells   16

5. Die thematischen Bausteine des Unterrichtsmodells   18

   Baustein 1: Einstiege vor der Lektüre   18
   1.1   Zugang über den Titel der Novelle   18
   1.2   Zugang über den zeitgeschichtlichen Kontext   20
   Arbeitsblatt 1:   Assoziationen zum Stichwort „Traum"   22
   Arbeitsblatt 2:   Lexikonartikel „Traum"   23
   Arbeitsblatt 3:   Projektarbeit „Arthur Schnitzler und seine Zeit"   25

   Baustein 2: Das erste Kapitel   26
   2.1   Die Hauptpersonen und ihr Lebensumfeld: Fridolin und Albertine   26
   2.2   Der Grundkonflikt: Die Redoute und anschließende Geständnisse   28
   2.3   Die Atmosphäre: Das Verhältnis von Tag und Traum   31
   2.4   Der expositorische Charakter des ersten Kapitels   32
   Arbeitsblatt 4:   Fridolin und Albertine   34
   Arbeitsblatt 5:   Nachricht am Morgen danach   35

   Baustein 3: Nächtliche Begegnungen   36
   3.1   Drei Frauen: Marianne, Mizzi, Pierrette   36
   3.2   Nachtigall   40
   3.3   Gibiser   42
   Arbeitsblatt 6:   Begegnung mit drei Frauen im Vergleich   45
   Arbeitsblatt 7:   Dilettantismus   47
   Arbeitsblatt 8:   Totentanz   48

   Baustein 4: Die geheimnisvolle Gesellschaft   49
   4.1 Die Anreise zur Villa   49
   4.2 Die Geheimgesellschaft   50
   4.3 Die Rückkehr in die gewohnte Realität   52
   Arbeitsblatt 9:   Fridolins Anreise zur Villa   55
   Arbeitsblatt 10:   Die geheime Gesellschaft   56
   Arbeitsblatt 11:   Ernst Mach und der Empiriokritizismus   58

   Baustein 5: Träume   59
   5.1   Albertines Traum   59
   5.2   Traumdeutung   62
   5.3   Traumlos nah   65
   Arbeitsblatt 12:   Das Instanzenmodell nach Sigmund Freud   70
   Arbeitsblatt 13:   Arthur Schnitzler über die Psychoanalyse   71
   Arbeitsblatt 14:   Albertines Traum   72

Arbeitsblatt 15: Traumarbeit und Traumdeutung nach Freud   74
Arbeitsblatt 16: Leopold von Sacher-Masoch   76

Baustein 6: Aufbau und Novellenform   78
6.1   Figurenkonstellation   78
6.2   Aufbau und Handlungsstränge   80
6.3   Novelle   81
6.4   Erzähltechnik   82
6.5   Leitmotive und Symbole   83
6.6   Erzählungen der Jahrhundertwende   83
Arbeitsblatt 17: Das Verhältnis von Traum und Wirklichkeit   87
Arbeitsblatt 18: Erzählverhalten   89
Arbeitsblatt 19: Innerer Monolog am Beispiel „Leutnant Gustl"   90
Arbeitsblatt 20: Erzählungen der Jahrhundertwende   91
Arbeitsblatt 21: Hugo von Hofmannsthal: Das Märchen der 672. Nacht
                  (Auszug)   92
Arbeitsblatt 22: Rainer Maria Rilke: Die Aufzeichnungen des Malte Laurids
                  Brigge (Auszug)   94
Arbeitsblatt 23: Leseempfehlung für Schülerinnen und Schüler   95

Baustein 7: Eyes Wide Shut   97
7.1   Die Handlung des Films und der „Traumnovelle" im Vergleich   97
7.2   Analyse filmsprachlicher Mittel   98
7.3   Rezeption   100
Arbeitsblatt 24: Schlussszene des Films „Eyes Wide Shut"   102
Arbeitsblatt 25: Grundfragen der Filmanalyse   103
Arbeitsblatt 26: Überschriften von Filmkritiken   104
Arbeitsblatt 27: „Eine wunderbare Symbiose" (Rezension)   105
Arbeitsblatt 28: „Horrend unglaubwürdig und banal" (Rezension)   107

6. Zusatzmaterial:
Zusatzmaterial 1: Fridolins Weg durch das nächtliche Wien   108
Zusatzmaterial 2: Zur Analyse eines Erzähltextes   109
Zusatzmaterial 3: Aufbau eines Analyseaufsatzes und methodische Hinweise   111
Zusatzmaterial 4: Lebens- und Todestrieb   112
Zusatzmaterial 5: Arthur Schnitzler: Paracelsus   113
Zusatzmaterial 6: Hugo von Hofmannsthal: Das Märchen der 672. Nacht   114
Zusatzmaterial 7: Stefan George: Der hügel wo wir wandeln   116
Zusatzmaterial 8: Sekundenstil am Beispiel „Papa Hamlet"   117
Zusatzmaterial 9: Zentrale Begriffe zur Filmanalyse   119

Max Slevogt: Totentanz (1896)

Die wahren Abenteuer sind im Kopf; und sind sie
nicht im Kopf, dann sind sie nirgendwo.

André Heller

Die Hauptpersonen der Novelle

Die beiden Hauptpersonen der Novelle sind die Eheleute Fridolin und Albertine. Alle anderen Figuren gewinnen ihre Bedeutung nur in der Hinordnung auf diese beiden, wobei die Fridolin-Handlung und die daran beteiligten Figuren einen weitaus größeren Raum einnehmen als die Albertine-Handlung (siehe hierzu auch Baustein 6). Für Albertine sind lediglich die Gestalten ihrer Erinnerungen und Träume sowie ihre Tochter und das Hausmädchen – zwei absolute Nebenrollen in der Novelle – bedeutsam.

Im Folgenden werden die handlungstragenden Figuren in der Reihenfolge ihres Auftretens vorgestellt:

Fridolin arbeitet als Arzt in seiner Privatpraxis und im Krankenhaus. Er ist mit Albertine verheiratet und hat mit ihr eine sechsjährige Tochter. Fridolin ist als Mediziner anerkannt, was ein fester Patientenstamm, zu dem unter anderem auch ein Hofrat gehört, zeigt. Besonderen Ehrgeiz beim Vorantreiben seiner Karriere legt er jedoch nicht an den Tag. Dennoch lässt sich an mehreren Indizien erkennen, dass seine Familie offensichtlich ein gutes Auskommen hat, z. B. daran, dass sie Hauspersonal beschäftigt, dass Fridolin einen Pelzmantel trägt und dass er häufig großzügiges Trinkgeld gibt. Über Fridolins Aussehen lässt sich, abgesehen von seinem Alter – 35 Jahre – nur spekulieren. Vermutlich ist er nicht unattraktiv, da er auf viele Frauen anziehend wirkt.

Albertine Fridolins Ehefrau ist Hausfrau und Mutter der gemeinsamen Tochter. Über Albertines Äußeres erfährt der Leser, ebenso wie über Fridolin, kaum etwas, wobei Alter und Attraktivität zu ihrem Mann passen dürften. In Albertines Erinnerungen und Träumen äußern sich ihre Unzufriedenheit mit ihrem Leben und ihre Sehnsucht nach größerer (sexueller) Erfüllung. Sie zeigt sich souverän und weitsichtig im Umgang mit ihren eigenen Wünschen und dem Verhalten Fridolins.

Marianne ist die Tochter eines Hofrats, der zu den Patienten Fridolins gehört und der nach langer Krankheit verstirbt. Marianne wird als ehemals schöne junge Frau beschrieben, die aber bereits in jungen Jahren durch die lange Pflege ihres Vaters verblüht ist. Ihre Haut ist blass, ihr Haar spröde und ihre Lippen sind trocken. Marianne ist verlobt mit dem Geschichtsdozenten Dr. Roediger, den sie bald heiraten wird. Dennoch gesteht sie Fridolin ihre Liebe.

Dr. Roediger ist der Verlobte von Marianne. Er wird als überschlanker und blasser junger Mann mit blondem, kurzem Vollbart und Brille beschrieben. In seinem Beruf als Universitätsdozent für Geschichte ist er erfolgreich und hat einen Ruf als Professor an die Universität Göttingen erhalten.

Mizzi	ist eine siebzehnjährige Prostituierte, die auf der Straße Freier anwirbt. Ihr Name ist vermutlich kein normaler Rufname, sondern typisch für Mädchen ihres Standes. Sie ist Fridolin gegenüber verständnisvoll und aufrecht. Mizzi weiß um das gesundheitliche Risiko ihrer Tätigkeit und muss später wegen einer ansteckenden Krankheit für mehrere Wochen ins Krankenhaus.
Nachtigall	ist ein ehemaliger Studienkollege Fridolins, der seine berufliche Laufbahn erfolglos aufgegeben hat und sich nun als Barpianist verdingt. Nachtigall ist polnisch-jüdischer Abstammung und wird als großer, eher plumper Mensch in etwas abgetragenem Frack und mit nachtgeröteten Augen beschrieben. Er geht offen und heiter auf seinen alten Bekannten Fridolin zu und begleicht ihm auf einen Schlag ungefragt alle Schulden, die er über die Jahre bei diesem gemacht hat. Nur durch Nachtigalls Hilfe gelingt Fridolin der Zutritt zu einem geheimnisvollen Maskenball in einer Wiener Vorstadt-Villa.
Gibiser	ist der Inhaber eines Kostümverleihs. Ohne viel zu fragen, lässt er sich von Fridolin in der Nacht aus dem Bett klingeln und erscheint im Schlafrock „wie ein lächerlicher Alter auf dem Theater" (S. 37, Z. 20f.). Seine Tochter bezeichnet er zunächst als verwirrt und verbietet ihr das Zusammensein mit zwei Verehrern, welches er jedoch am nächsten Tag duldet. Sein Gebaren als Geschäftsmann ist ungewöhnlich: In der Nacht interessiert er sich nicht für die Leihgebühr seines Kostüms und am nächsten Tag bemerkt er nicht, dass Fridolin die entliehene Maske verloren hat.
Pierrette	ist die namenlose, nur nach ihrer Kostümierung benannte Tochter Gibisers. Sie treibt sich in der Nacht mit zwei ebenfalls kostümierten Verehrern im Laden ihres Vaters herum, von denen sie einer am nächsten Tag erneut besucht. Pierrettes Verhalten Männern gegenüber ist sehr frühreif und aufreizend.
Die schöne Unbekannte	Über ihre Identität kann nur spekuliert werden. Fridolin sieht sie auf dem nächtlichen Maskenball zwar körperlich nackt, aber maskiert, sodass er sie später nicht wiedererkennen kann. Eventuell ist sie die Besitzerin der Villa, in der der Ball stattfand. Fridolin mutmaßt, dass es sich bei der vergifteten Baronin Dubieski, die er in der Pathologie anschaut, um die gleiche Frau handelt, ist sich dessen aber nicht sicher.
Dr. Adler	ist ein Kollege von Fridolin, der in der Pathologie arbeitet und Fridolins Reaktion auf die Frauenleiche miterlebt. Er mutmaßt, dass Fridolin eine verflossene Geliebte wiedergefunden hat, zeigt aber wirkliches Interesse nur für seine medizinischen Studien, die er mit Vorliebe des Nachts in aller Ruhe treibt.

Der Inhalt der Novelle

Fridolin und Albertine leben als bürgerliches Ehepaar mit ihrer Tochter im Wien der Jahrhundertwende. Ihre Beziehung wird auf eine Probe gestellt, als sie sich gegenseitig ihre Träume, Fantasien und Erlebnisse schildern und auf diese Weise unbekannte Seiten und ungeahnte Begierden aneinander entdecken.

Ausgelöst durch den gemeinsamen Besuch eines Balls gestehen Albertine und Fridolin einander geheime Wünsche: Albertine fühlte sich in einem Urlaub in Dänemark von einem Unbekannten angezogen, während für Fridolin die Begegnung mit einem Mädchen in einem abgelegenen Strandhaus erregend war. In beiden Situationen kam es zu keinem körperlichen Kontakt mit den Fremden, sondern es blieb bei erotischen Fantasien. Die gegenseitigen Geständnisse werden unterbrochen, als Fridolin in seiner Eigenschaft als Arzt zu einem Sterbenden gerufen wird. Als er im Haus des Patienten ankommt, ist dieser bereits verschieden und er trifft die Tochter des Hauses, Marianne, an. Diese gesteht Fridolin im Angesicht ihres toten Vaters ihre Liebe, berichtet aber zugleich, dass sie bald ihren Verlobten heiraten werde. Fridolin geht auf die Avancen Mariannes nicht näher ein und verlässt das Haus des toten Hofrats ins nächtliche Wien. Da er noch nicht nach Hause zurückkehren möchte, streift er durch die Straßen und trifft auf Mizzi, eine Prostituierte, die ihn mit auf ihr Zimmer nimmt. Fridolin lehnt zunächst den Verkehr mit ihr ab, umwirbt sie dann doch, bleibt aber erfolglos, weil sie sich aus Angst vor der Ansteckung mit einer Krankheit selbst zurückzieht.

Auf seinem weiteren Streifzug durch die Stadt begegnet Fridolin in einem Kaffeehaus einem alten Bekannten, Nachtigall, der sich als Pianist verdingt. Dieser berichtet ihm von einem anstehenden Engagement in einer geheimnisvollen Gesellschaft, von der er kaum mehr weiß, als dass die Damen auf diesem Fest alle unbekleidet seien. Fridolin bedrängt Nachtigall, ihn zu dieser Veranstaltung mitzunehmen. Unwillig verrät der Pianist ihm die Eingangsparole und verweist auf die notwendige Kostümierung für den Abend. Diese besorgt Fridolin sich bei dem Kostümverleiher Gibiser, dessen als Pierrette verkleidete Tochter durch den nächtlichen Kunden beim Tête-à-Tête mit zwei Verehrern gestört wird.

Fridolin folgt in einer Mietkutsche Nachtigall zu der Villa, in der sich die Geheimgesellschaft zusammengefunden hat, und bekommt Einlass gewährt. Nach einem Auftakt, bei dem sich die als Nonnen und Mönche maskierten Menschen in einem Saal versammelt haben, streifen die Frauen ihre Kleider ab und die Männer tragen nun festliche Gewänder. Ihre Gesichter bleiben jedoch maskiert, auch beim dann einsetzenden wollüstigen Tanz. Fridolin, der von der Atmosphäre wie berauscht ist, wird mehrfach von einer schönen unbekannten Frau gewarnt, die Versammlung umgehend zu verlassen, da sonst Gefahr für ihn drohe. Aus seinem Ehrgefühl heraus beschließt er, sich als unrechtmäßiger Eindringling zu enttarnen, jedoch kommen ihm einige Männer der Gesellschaft zuvor und entlarven ihn. Die schöne Unbekannte erklärt sich daraufhin bereit, sich für ihn zu opfern, sodass Fridolin schließlich der Runde verwiesen und in einer verschlossenen Kutsche zurück in die Stadt gebracht wird.

Bei seiner Rückkehr nach Hause findet er Albertine schlafend vor. Sie durchlebt einen Traum, aus dem sie mit einem schrillen Lachen erwacht und den sie Fridolin auf sein nachhaltiges Drängen hin erzählt. Zahlreiche Motive und Situationen ihrer Ehe, ihrer Fantasien und der gerade vergangenen Erlebnisse Fridolins finden sich in dieser Traumhandlung zusammen: Kurz vor der Hochzeit Albertines mit Fridolin kommt es zu seltsamen Erlebnissen und Verstrickungen, die darin enden, dass dieser hingerichtet wird, ohne dass Albertine Mitleid oder gar Liebe für ihn verspürt.

Nach der Schilderung seiner Frau schwanken Fridolins Gefühle zwischen Hass und Zärtlichkeit für sie. Der Schlaf beendet schließlich die Ereignisse dieser Nacht.

Am nächsten Tag empfindet Fridolin die Rückkehr in seinen gewohnten Berufsalltag als Erleichterung. Die Erlebnisse der vergangenen Nacht lassen ihn jedoch nicht los. Nach und nach geht er den Spuren der vergangenen Nacht nach und versucht, ihre Rätsel zu lösen, stößt dabei aber erneut auf viel Unaufgeklärtes. So entpuppt sich der Kostümverleiher Gibiser als mutmaßlicher Zuhälter seiner Tochter, Nachtigall ist überstürzt aus seinem Hotel abgereist und unter Mitwirkung zweier sonderbarer Herren spurlos verschwunden, Mizzi hat sich, wie sie befürchtet hatte, mit einer Krankheit angesteckt und ist für mehrere Wochen im Krankenhaus. Voller Hass und Rachegelüste gegenüber Albertine sucht Fridolin auch Marianne ein weiteres Mal auf. Er provoziert eine Wiederholung des Liebesgeständnisses, worauf Marianne sich aber nicht einlässt.

Um dem Geheimnis um die sonderbare Tanzveranstaltung der vergangenen Nacht auf den Grund zu gehen, sucht Fridolin erneut die Villa auf. Auf geheimnisvolle Weise öffnet sich ihm, ohne dass er geläutet hätte, die Tür und ein stummer Diener reicht ihm eine an ihn adressierte Nachricht mit der Warnung, die Nachforschungen endlich aufzugeben. Als Fridolin anschließend im Kaffeehaus eine Zeitungsnotiz über den Gift(-Selbst-)Mord einer gewissen Baronin Dubieski liest, vermutet er, dass es sich bei ihr um die geheimnisvolle Schöne der Nacht handelt. Er sucht ihre Leiche in der Pathologie. Im Beisein seines Kollegen Dr. Adler betrachtet er intensiv den toten Körper einer schönen jungen Frau. Einerseits ist er sich bis zum Schluss nicht sicher, ob es sich um seine Bekanntschaft handelt, da er ihr Gesicht hinter der Maske nie gesehen hat. Andererseits hat er das Verlangen, sie zu berühren, und spielt zärtlich mit ihren Fingern, was auch Dr. Adler zu dem Schuss kommen lässt, es handele sich um eine ehemalige Geliebte Fridolins.

Schließlich verspürt Fridolin den Wunsch, nach Hause zu Albertine zurückzukehren. Er findet sie ruhig schlafend und entdeckt seine Maske, die er beim Zusammenraffen des Kostüms am Morgen verloren hatte, auf seinem Kopfkissen. Fridolin versteht dieses Zeichen von Albertine als Signal des Wissens und des Verzeihens zugleich und bricht, am Ende seiner nervlichen Kräfte, weinend zusammen. Albertine tröstet ihn und hört sich gelassen seine Schilderung der Erlebnisse an. Beide sind sich bewusst, dass ihre Träume, Fantasien und Erlebnisse Teil ihrer selbst und ihrer Beziehung sind. So formuliert Albertine, sie sollten „[D]em Schicksal dankbar sein, […] dass [sie] aus allen Abenteuern heil davongekommen sind – aus den wirklichen und aus den geträumten" (S. 92, Z. 10 ff.). Schließlich schlummern beide „einander traumlos nah" (S. 92, Z. 27) ein, bis der nächste Morgen und mit ihm der gewohnte Alltag beginnt.

Vorüberlegungen zum Einsatz der Novelle im Unterricht

Arthur Schnitzers „Traumnovelle" gehört in manchen Bundesländern zum verpflichtenden Lektürekanon für die Oberstufe. Es handelt sich um ein Werk, an dem sich der Zeitgeist der Dekadenz und die Neuerungen in der Erzähltechnik um die Jahrhundertwende beispielhaft erarbeiten lassen. Ein adäquates Textverständnis entwickelt sich erst in der Zusammenschau soziologischer, psychologischer und ästhetischer Fragestellungen.

Diese Qualität und Komplexität der Novelle stellt die Arbeit im Unterricht vor besondere Herausforderungen, denn auf die Schülerinnen und Schüler wird der Text (ebenso wie auch die Verfilmung des Stoffes in „Eyes Wide Shut") vermutlich zunächst äußerst befremdlich wirken. Schnitzlers Novelle spielt in einem „Zwischenland" zwischen Realität und Traum. Die beiden Ebenen verschwimmen ineinander und lassen eine eigene Welt von traumhafter Wirklichkeit und wirklichkeitsnahen Träumen entstehen.

Schnitzler entlarvt auf diese Weise die Doppelmoral der Gesellschaft seiner Zeit, die sich zwischen traditionellen Konventionen und einer neuen Bewertung der Triebhaftigkeit des Menschen bewegt. Es ist eine Zeit des Umbruchs, des Niedergangs des alten Kaiserreiches, die zugleich vom Wunsch nach Festhalten an Fassaden und an der „Walzerhaftigkeit" Wiens geprägt ist. Diesem gegenüber stehen eine Stimmung des Bewusstseins der Dekadenz, ein Interesse an der Psyche des Menschen und neue Ausdrucksformen in Kunst, Literatur und Musik. Das Leben der Menschen änderte sich nicht nur durch diesen geistesgeschichtlichen Aufbruch, sondern sehr konkret auch durch den naturwissenschaftlichen Fortschritt, der eine Entfremdung der Arbeit durch technische Neuerungen mit sich brachte. Maschinen und moderne Verkehrsmittel wie das Auto und die Straßenbahn führten zu einer Beschleunigung des Lebens, das elektrische Licht der Straßenbeleuchtungen ließ die Grenzen zwischen Nacht und Tag genauso verschwimmen wie Freuds Arbeiten zur Psychoanalyse die Grenzen zwischen Traum und Wirklichkeit.

Die „Traumnovelle" nimmt insofern eine Sonderstellung in Schnitzlers Gesamtwerk ein, als sie einer der wenigen Texte ist, die versöhnlich enden. Albertine und Fridolin gelingt es, die Erschütterungen ihrer Ehe zu überwinden und im vollen Bewusstsein um die Vergangenheit zuversichtlich in die Zukunft zu blicken. Im Kontrast dazu steht in der Biografie des Autors das Scheitern seiner eigenen Ehe mit seiner Frau Olga Gußmann. Arthur Schnitzler liefert am Beginn der Moderne nicht nur eine Analyse des gesellschaftlichen Zeitgeists am Beispiel von Fridolin und Albertine, sondern er entwirft auch eine Vorstellung von einer modernen, offeneren Partnerschaft auf dem Weg zur Gleichberechtigung.

Eine Reihe geeigneter Zusatzmaterialien zum historischen und geistesgeschichtlichen Hintergrund der Novelle sowie zu ihrer Entstehungs- und Wirkungsgeschichte, die zum Teil auch für die Arbeit mit diesem Unterrichtsmodell benötigt werden, findet sich im Anhang der Textausgabe.

Fachübergreifendes Arbeiten bietet sich besonders zu folgenden Themenschwerpunkten an:

Geschichte:	Die Situation Österreichs um die Jahrhundertwende, der Niedergang des Kaiserreiches
Erziehungswissenschaft:	Freuds Psychoanalyse, hier insbesondere das Instanzenmodell und die Traumdeutung
Kunst:	Darstellungen von Traum, Liebe und Tod, Sexualität durch Künstler der Jahrhundertwende (z. B. Schiele, Klimt u. a.)

Vorschläge für Klausuren

1. Analysieren Sie den Textauszug S. 86, Z. 33–S. 89, Z. 12 (Fridolin in der Pathologie) aus Arthur Schnitzlers „Traumnovelle". Untersuchen und deuten Sie dabei besonders Fridolins Verhalten.

2. „Und kein Traum", seufzte er leise, „ist völlig Traum." (S. 92, Z. 18). Erörtern Sie die Bedeutung dieses Ausspruchs Fridolins im Kontext der „Traumnovelle".

3. Untersuchen Sie den Gesprächsverlauf der Schlussszene der Traumnovelle (S. 91, Z. 32– S. 93, Z. 32.). Legen Sie anschließend begründet dar, wie sich Ihrer Meinung nach Albertines und Fridolins Partnerschaft zukünftig weiterentwickeln wird.

4. „[Die Traumnovelle] handelt nicht nur – soziologisch – von einer Gesellschaft, die ihre triebhaften Exzesse hinter gutbürgerlicher Fassade versteckt, und nicht nur – tiefenpsychologisch – von der Wahrheit des Unbewussten und unleugbaren aggressiven und sexuellen Regungen. Sie erzählt auch davon, dass in der Kunst wie im Traum die Beschränkungen von sozialer Rolle und Bewusstseinskontrolle für Augenblicke aufgehoben sind."[1] – Erläutern und veranschaulichen Sie diese Einschätzung aufgrund Ihrer Kenntnis der Traumnovelle differenziert.

5. Analysieren Sie den Textauszug aus Hugo von Hofmannsthals Märchen der 672. Nacht (**Arbeitsblatt 20**, S. 91). Vergleichen Sie ihn anschließend unter inhaltlichen und erzähltechnischen Gesichtspunkten mit Arthur Schnitzlers „Traumnovelle".

6. Analysieren Sie das Gedicht „Der hügel wo wir wandeln ..." von Stefan George (**Zusatzmaterial 7**, S. 116). Vergleichen Sie anschließend die Wahrnehmung und Darstellung der Umgebung mit Fridolins Eindrücken auf seiner An- und Rückreise zur Villa und in die Stadt (S. 41, Z. 35–S. 42, Z. 33 und S. 54, Z. 25–S. 57, Z. 2 der „Traumnovelle").

---

[1] Fliedl, Konstanze: Arthur Schnitzler, RUB Stuttgart 2005, S. 230.

Zur Konzeption des Unterrichtsmodells

Die Lektüre von Arthur Schnitzlers „Traumnovelle" stellt die Schülerinnen und Schüler vor einige Herausforderungen: Das Sujet ist ungewohnt und innerhalb der Handlung bleibt vieles angedeutet ohne eine abschließende Auflösung. Ohne Kenntnisse über das zeitgenössische Interesse an der Psyche des Menschen, das sich gleichermaßen wissenschaftlich in den Arbeiten Sigmund Freuds wie literarisch in den Werken mancher Erzähler der Jahrhundertwende – allen voran Arthur Schnitzler – widerspiegelt, bleibt die Novelle unverständlich und verstörend.

Dieser Situation trägt das vorliegende Unterrichtsmodell Rechnung, indem es vor den Beginn der Lektüre eine intensive Auseinandersetzung mit der Entstehungszeit setzt (Baustein 1). Die Bausteine 2 bis 5 folgen dem chronologischen Verlauf der Handlung, sodass die Schülerinnen und Schüler die Novelle unterrichtsbegleitend lesen können. Der Arbeitsschwerpunkt liegt hier auf der Einübung von Verfahren der Textinterpretation durch analytische und produktionsorientierte Verfahren.

Die beiden Bausteine 6 und 7 weiten abschließend den Blick auf grundlegende Aspekte der Formgestaltung sowie auf die Auseinandersetzung mit der modernen Verfilmung der „Traumnovelle" durch Stanley Kubrick im Jahr 1999.

Die Bausteine setzen im Einzelnen folgende Schwerpunkte:

Baustein 1 gestaltet den Einstieg in die Unterrichtsreihe, der noch vor der Lektüre ansetzt. Ausgehend von den beiden Bestandteilen des Titels der Erzählung „Traum" und „Novelle" werden die Erwartungen an die Lektüre zusammengetragen. In einer projektartigen Arbeitsphase informieren sich die Schülerinnen und Schüler anschließend über den zeit- und geistesgeschichtlichen Kontext der Novelle.

Baustein 2 beschäftigt sich mit dem ersten Kapitel der Novelle. Anhand der Untersuchung der Figurengestaltung, der Ermittlung von Grundkonflikt und Atmosphäre wird der expositorische Charakter des ersten Kapitels erarbeitet.

Baustein 3 untersucht die Begegnungen des Protagonisten Fridolin auf seinem Weg durch das nächtliche Wien mit fünf sehr unterschiedlichen Figuren, die, jede auf ihre Weise, sein Abenteuer in der Villa vorbereiten.

Baustein 4 stellt Fridolins Erlebnisse in der geheimen Gesellschaft in den Mittelpunkt des Interesses, legt aber auch einen besonderen Schwerpunkt auf die Analyse der erzählerischen Gestaltung seiner An- und Abreise. Es wird erarbeitet, wie Fridolin seine Alltagswelt in eine zunehmend traumhafte Wirklichkeit hinein verlässt.

Baustein 5 steht im Zeichen einer Interpretation von Albertines Traum, die ihre Bedürfnisse als Frau und Ehefrau von Fridolin reflektiert. Eine Auseinandersetzung mit den Grundlagen von Sigmund Freuds Traumdeutung sowie Arthur Schnitzlers Einschätzung der Psychoanalyse bietet einen Schlüssel zur Deutung wesentlicher Motive.

Baustein 6 erarbeitet die Struktur der Novelle und stellt sie in den Kontext der Novellentradition. Die zuvor gewonnenen Erkenntnisse zur Figurenkonstellation, Handlungsdramaturgie und Erzähltechnik werden in der Zusammenschau nochmals aufgenommen. Anhand weiterer Beispiele von Erzählungen der Jahrhundertwende werden typische inhaltliche wie formale Merkmale vergleichend herausgestellt.

Baustein 7 widmet sich der Verfilmung der „Traumnovelle" durch Stanley Kubricks Werk „Eyes Wide Shut". Es werden Abweichungen des Films von der literarischen Vorlage und ihre Übertragung in die Moderne untersucht. Anhand einiger Beispiele werden exemplarisch filmsprachliche Mittel analysiert. Die Arbeit mit Rezensionen bildet die Grundlage für eine kritische Diskussion der Adaption.

Die thematischen Bausteine des Unterrichtsmodells

Baustein 1

Einstiege vor der Lektüre

1.1 Zugang über den Titel der Novelle

Den letztgültigen Titel „Traumnovelle" hat Arthur Schnitzler seinem Werk erst recht spät im Laufe seiner vieljährigen Arbeit an der Novelle gegeben. Lange Zeit nannte er sie in seinen Aufzeichnungen die „Doppelnovelle". Mit dem Begriff „Traum" wurde damit das wesentliche Motiv der Erzählung titelgebend. Nicht nur Albertines Nachttraum, aus dem Fridolin sie aufweckt und der ihn zutiefst erschüttert, ist wesentlich für die Handlung, sondern weite Teile des Geschehens spielen im Grenzbereich zwischen Traum und Wirklichkeit, so die Geständnisse erotischer Fantasien im ersten Kapitel und Fridolins nächtliche Erlebnisse in der geheimen Gesellschaft. Damit steht Schnitzler in guter Tradition seiner Zeit – nicht nur literarisch, sondern auch allgemein künstlerisch und geistesgeschichtlich betrachtet.

Ohne die Beschäftigung mit den Ebenen von Traum und Wirklichkeit und ihren Graustufen und ohne eine Beschäftigung mit Sigmund Freuds Traumdeutung ist eine differenzierte Auseinandersetzung mit der „Traumnovelle" kaum denkbar. Dem trägt dieser erste Unterrichtsbaustein Rechnung, indem er einerseits inhaltlich über das Motiv „Traum" und andererseits kontextuell über die Erarbeitung des historischen Kontexts der Entstehungszeit die anschließende Lektüre der Traumnovelle entlastet.

Durch die Klärung des Bedeutungsspektrums des Wortes „Traum" erarbeiten die Schülerinnen und Schüler sich zunächst eine wesentliche Grundlage für den späteren Verstehenshorizont (**Arbeitsblatt 1**, S. 22). Auf methodischer Ebene üben sie sich in der Sammlung von Assoziationen in Form eines Clusters, in der Strukturierung ihrer Ideen durch farbige Markierungen und in der Versprachlichung ihrer Gedanken in der Formulierung einer „Definition" des Wortes Traum. Hierbei sollte die Polyvalenz des Begriffs erkennbar werden. Zu berücksichtigen sind die Abgrenzungen zwischen nächtlichen Träumen und Tagträumen, das heißt auch zwischen Wunschträumen und unwillkürlichen Trauminhalten, sowie die Trennung von positiven Konnotationen des Wortes und Albträumen. So hat zum Beispiel das geflügelte und historisch bedeutsame Wort „I have a dream" wenig mit den verschlüsselten Botschaften des nächtlichen Träumers zu tun, wenngleich sich Wunsch und Wirklichkeit hier nicht selten vermischen.

 ▪ *Legen Sie ein Cluster an, das Ihre Assoziationen zum Stichwort „Traum" widerspiegelt (Arbeitsblatt 1).*

 ▪ *Sortieren Sie Ihre Assoziationen, indem Sie Zusammengehörendes im Cluster gleichfarbig markieren.*

 ▪ *Formulieren Sie unter Verwendung der Einträge in Ihrem Cluster eine Definition des Wortes „Traum".*

Mit der Bedeutungsvielfalt des Wortes gehen auch unterschiedliche Sichtweisen verschiedener wissenschaftlicher Fachrichtungen auf das Phänomen Traum einher. Während aus neurologischer Sicht die Besonderheiten der Hirnaktivität und der besondere Bewusstseinszustand von Interesse sind, legt die Psychologie die Aufmerksamkeit auf die verschlüsselte Bedeutung der Trauminhalte. Der Lexikonartikel (**Arbeitsblatt 2**, S. 23f.) nennt diese und weitere Disziplinen (Biologie, Philosophie, Theologie) und weist ihr besonderes Interesse an Träumen nach. Er zeigt das lange historische und breit interdisziplinäre Interesse an Träumen. Aus dem Text kann von den Schülerinnen und Schülern eine „Chronologie der Traumdeutung" entweder in tabellarischer oder aber in Form eines beschrifteten Zeitstrahls erarbeitet werden. Sie lässt die unterschiedlichen Versuche der Wissenschaften zur Traumdeutung erkennen und verdeutlicht eindrücklich, dass es auch nach 4000-jähriger Geschichte noch keine letztgültigen Erkenntnisse gibt, warum der Mensch träumt und welche Bedeutung seine Träume vor dem Kontext der Realität haben.

■ *Vergleichen Sie Ihre Definition des Wortes „Traum" mit dem Text des Lexikonartikels (Arbeitsblatt 2).*

■ *Stellen Sie mithilfe des Lexikonartikels heraus, welche wissenschaftlichen Fachrichtungen sich mit dem Phänomen Traum beschäftigen, und stellen Sie deren Zugangsweisen einander gegenüber.*

■ *Erarbeiten Sie eine chronologische Zusammenschau der Geschichte der Traumdeutung, zum Beispiel in Form eines Zeitstrahls.*

Traum

im **engeren** Sinne:
Fantasieerlebnisse während des Schlafs

im **weiteren** Sinne:
Unwirkliches, Ersehntes

Interesse wissenschaftlicher Disziplinen:

Religion   –   Offenbarung des Göttlichen
Psychologie   –   Schlüssel zur Seele
Biologie   –   Vorgänge im Gehirn
(Philosophie   –   eher skeptische Haltung)

Chronologie der Traumdeutung

2000 v. Chr. Antike	2. Jh. n. Chr. Hellenismus	18. Jh. Aufklärung	Anf. 19. Jh. Romantik	19. Jh. (Positivismus)	Umbruch 19./20. Jh.	ab 1952	heute
Traum als göttliche/dämonische Eingebung	Traum als Weissagung der Zukunft	wenig Beachtung (Traum widersprach ratio)	Bezug zu Märchen und Unbewusstem	Rückführung auf Körpergeschehen	tiefenpsychologische Deutung	empirisch-biologische Deutung	Forschung an Gehirnfunktionen; Bedeutung des Träumens noch nicht abschließend erforscht

Als nächsten Schritt formulieren die Schülerinnen und Schüler nun ihre Erwartungshaltung an den Text aufgrund des Titels. Nachdem sie sich bislang mit dem ersten Teil „Traum-" auseinandergesetzt haben, gilt es nun, den zweiten Teil „-Novelle" zunächst zu klären, bevor begründete Vermutungen möglich werden. Die Schülerinnen und Schüler informieren sich dazu über die Besonderheiten der Textgattung, indem sie einen Teil[1] der Definition aus dem „Sachwörterbuch Literatur" (Textausgabe S. 105, Z. 24 ff.) lesen, der sie mit wesentlichen Schritten der Entwicklung der Novelle seit Goethe vertraut macht. Es kommt hier zum Ausdruck, dass das Symbolische, Psychologische zunehmend in den Mittelpunkt rückte und eine Handlung, „die ihren Gehalt aus dem Seeleninneren schöpft", zu erwarten ist.

■ *Stellen Sie die wesentlichen Besonderheiten der Novellentradition, an die Schnitzler anknüpft, heraus. Lesen Sie dazu den letzten Teil des Textes zur „Novelle" von Gero von Wilpert (Textausgabe S. 105, Z. 24 ff.).*

■ *Notieren Sie nun in Stichworten, welche Erwartungen der Titel „Traumnovelle" in Ihnen hervorruft.*

■ *Tauschen Sie Ihre Erwartungen in der Lerngruppe aus.*

1.2 Zugang über den zeitgeschichtlichen Kontext

Der zweite Zugangsweg zur Entlastung des Leseprozesses führt über die Erarbeitung des historischen und geistesgeschichtlichen Hintergrunds. Ein Zugang zum Text findet sich in diesem Fall leichter, wenn er von Anfang an im Kontext seiner Entstehungszeit gelesen werden kann, die von tiefgreifenden Veränderungen der Lebensumstände durch Industrialisierung und Urbanisierung geprägt war. Die überkommenen Werte wurden infrage gestellt, der Lebensrhythmus beschleunigt, die Arbeit als entfremdet empfunden. Diese neue Wahrnehmung der Welt und die allgemeine Verunsicherung zwischen den Jahrhunderten suchte sich neue Ausdrucksweisen in der Kunst und der Architektur, der Musik und der Literatur. In der sich radikal wandelnden Umgebung erhält die Beschäftigung mit der Psyche des Menschen eine verstärkte Bedeutung, auf wissenschaftlicher Seite vorangetrieben durch Sigmund Freud. Der Arzt und Schriftsteller Arthur Schnitzler lebte in einer Zeit, in der das Innere und die äußeren Lebensumstände des Menschen hinterfragt und neu definiert wurden. Die 1926 erschienene „Traumnovelle", deren Entstehungsprozess sich anhand der Tagebücher Schnitzlers bis ins Jahr 1907 zurückverfolgen lässt, spiegelt diese Situation des beginnenden 20. Jahrhunderts wider.

In einer projektartig angelegten Phase erarbeiten die Schülerinnen und Schüler im Folgenden wesentliche Kenntnisse zum historischen und geistesgeschichtlichen Kontext der Novelle (**Arbeitsblatt 3**, S. 25). Sie arbeiten dazu in Kleingruppen und bekommen den Auftrag, zu ihrem jeweiligen Themenschwerpunkt Informationen zu recherchieren und eine Präsentation (unterstützt durch PowerPoint, Tageslichtfolie, ein Plakat und/oder ein Handout für die Mitschüler) vorzubereiten. Im Anhang der Textausgabe findet sich einiges geeignetes Material, das durch eigene Literatur- (Lexikon, Literaturlexikon, Geschichtsbuch, Lektürehilfen, ggf. Kunstbuch, Musikbuch, Pädagogikbuch) und Internetrecherche ergänzt werden sollte. Hier eine Auswahl an Themen für die Gruppenarbeit:

---

[1] Der gesamte Artikel muss an dieser Stelle der Unterrichtsreihe noch nicht erarbeitet werden, da er viele Informationen enthält, die für den momentanen Lernstand der Gruppe noch zu umfangreich und abstrakt sind. Der gesamte Text kommt erst im Baustein 6 zum Tragen, d.h. zu einem Zeitpunkt, zu dem sich die Schülerinnen und Schüler bereits intensiv mit der „Traumnovelle" beschäftigt haben.

Recherchieren Sie Informationen und bereiten Sie eine Präsentation (unterstützt durch PowerPoint, Tageslichtfolie, ein Plakat und/oder ein Handout für die Mitschüler) zu Ihrem Schwerpunktthema vor (Arbeitsblatt 3):

- *Arthur Schnitzler: Leben und Werk*
- *Sigmund Freud: Biografie, Instanzenmodell und Traumdeutung*
- *Die Literaten der Gruppe „Junges Wien"*
- *Industrie und die Folgen des technischen Fortschritts um die Jahrhundertwende*
- *Urbanisierung und Großstadtleben um die Jahrhundertwende*
- *Die politische Situation in Wien um die Jahrhundertwende*
- *Malerei um 1900: Klimt, Schiele u. a.*
- *Architektur um 1900: Wagner, Loos u. a.*
- *Musik um 1900: Mahler, Schönberg u. a.*
- *Die kulturellen Zentren um 1900: Wien, Berlin und Prag im Vergleich*

Nach Abschluss der Präsentationen kann das Erlernte durch einen Schreibauftrag zusammengefasst, wiederholt, vertieft und bewertet werden: Die Schülerinnen und Schüler versetzen sich in die Situation eines Zeitreisenden, dessen Ziel das beginnende 20. Jahrhundert in Wien ist. Die Lerngruppe wird dazu in zwei Gruppen eingeteilt: Eine Gruppe schreibt aus der Perspektive eines Zeitreisenden, der aus der Gegenwart unseres 21. Jahrhunderts in die Vergangenheit reist; die andere Hälfte erlebt ihre Reise als einen Sprung in die Zukunft. Auf diese Weise wird aus der Perspektive der Vorvergangenheit deutlich, wie radikal sich die Lebensbedingungen für die Menschen verändert haben, und aus der Perspektive unserer Gegenwart, wie sehr manche der damals einsetzenden Neuerungen (Verstädterung; Industrialisierung; technische Entwicklungen wie elektrisches Licht, Auto, Telefon; psychologische Erkenntnisse) selbstverständlich geworden sind und unser Leben prägen.

- *Zeitreise A:*
  Versetzen Sie sich in die Situation eines Zeitreisenden, der aus unserer Gegenwart (beginnendes 21. Jahrhundert) etwa 100 Jahre in die Vergangenheit reist und im Wien der Jahrhundertwende landet. Beschreiben Sie Ihre Eindrücke.

- *Zeitreise B:*
  Versetzen Sie sich in die Situation eines Zeitreisenden, der aus einer längst vergangenen Epoche in die Zukunft reist und im Wien der Jahrhundertwende landet. Beschreiben Sie Ihre Eindrücke.

Notizen

_____

_____

_____

_____

_____

_____

_____

_____

Assoziationen zum Stichwort „Traum"

◼ *Legen Sie ein Cluster an, das Ihre Assoziationen zum Stichwort „Traum" widerspiegelt.*

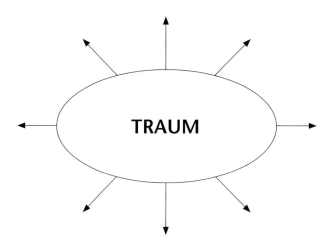

◼ *Sortieren Sie Ihre Assoziationen, indem Sie Zusammengehörendes im Cluster gleichfarbig markieren.*

◼ *Formulieren Sie unter Verwendung der Einträge in Ihrem Cluster eine Definition des Wortes „Traum":*

_____

_____

_____

_____

_____

_____

_____

_____

Lexikonartikel „Traum"

Traum i. e. S.[1] Bez. für Fantasieerlebnisse [...] vorwiegend opt. und akust. Art während des Schlafs; i. w. S.[2] Bez. für etwas Unwirkliches oder Ersehntes bzw. für etwas Wunderschönes.

5 Neuere Untersuchungen belegen, dass alle Menschen (selbst die, die sich nicht daran erinnern) und auch höherentwickelte Tiere träumen. Besonderheiten des T. (im Unterschied zum Wachbewusstsein) sind: Vorherrschen des Emotionalen, mangelnde Scheidung 10 zw. Umwelt und Ich, unklare Zeit- und Ortsbegriffe, assoziatives Denken und mehr- bzw. vieldeutige Bilder als Trauminhalte.

Diese mythen- und märchenähnl., aber z. T. auch bei psych. Krankheiten und unter Rauschdrogen zu be-15 obachtenden Erlebnisweisen haben zu allen Zeiten Menschen nach der Bed. von Träumen fragen lassen. Älteste Zeugnisse der **Traumdeutung** sind ägypt. Papyri aus der Zeit um 2000 v. Chr. In der Antike (z.B. A. T., Homer) galten Träume als göttl., gelegentl. auch 20 als dämon. Eingebung, die insb. als Weissagung für die Zukunft ausgelegt wurden. Trotz einer krit. Schrift des Aristoteles („Von den weissagenden Träumen") und ähnl. Schriften von Platon, Hippokrates und Cicero bildete sich im **Hellenismus**[3] eine regelrechte 25 Zukunftsdeutkunst der T.kundigen. Das T.buch „Oneirokritiká" des Artemidoros von Ephesus aus dem 2. Jh. n. Chr. diente als Vorlage für viele ähnl. Bücher bis hin zur Renaissance und zum Barock. Während man in der Zeit der Aufklärung den Träumen relativ 30 wenig Beachtung schenkte, entdeckte die Romantik die Beziehung der Träume zum Märchen und zum Unbewussten (z. B. C. G. Carus, G. H. von Schubert). Positivisten des 19. Jh. (z. B. C. Binz) führten Träume auf Körpergeschehen (Leibreize, Hirnsekrete u. a.) zu-35 rück.

Die moderne Traumforschung leitete S. Freud („Die Traumdeutung", 1900) ein. Nach Freud wird der T. durch drei Elemente gebildet: nächtl. Sinneseindrücke, Tagesreste (Gedanken und Vorstellungen, die 40 mit dem aktuellen Tagesgeschehen zusammenhängen) und „Verdrängtes" [...]; Letzteres ist nach Freud entscheidend. Den verdrängten Wunsch oder Triebimpuls während des T. nennt Freud den *latenten Inhalt*. Die Umwandlung des latenten in den *manifes-*45 *ten Inhalt* (der durch das zensierende Über-Ich beeinflusste T.inhalt) bezeichnet Freud als „T.arbeit". Daneben nimmt Freud noch eine „sekundäre Bearbeitung" an, die dem zensierten T. einen Schein von Logik verleiht. Die T.deutung muss nach Freud 50 den Weg vom Bilderrätsel, das wir erinnern, zurück zum Original, dem unbewussten (meist sexuellen)

Impuls, gehen. C. G. Jung, der die T.deutung Freuds „kausal-regressiv[4]" nennt, möchte daneben noch eine „final-progressive[5]" Deutung (T. als Zukunftsentwurf) und eine überindividuelle Deutung (T. als Spie-55 gel kollektiver Menschheitserfahrung) zulassen. Wie Freud erkennt er den Sinnes- bzw. körperl. Reizen während des Schlafs und den Tagesresten nur nebengeordnete Bedeutung zu. Mit N. Kleitman, E. Aserinsky, W. Dement u. a. nahm ab 1952 die empir.-biolog. 60 T.forschung ihren Anfang. Deren wichtigste Ergebnisse sind: Jeder Mensch träumt, und zwar meist drei- bis sechsmal pro Nacht in Phasen von 5 bis 40 Minuten. Dabei ist der Schläfer schwer weckbar, obwohl das Hirnstrombild (EEG) dem des Wachzustands äh-65 nelt („paradoxer Schlaf") und Außenreize (z. B. Weckerläuten) wahrgenommen bzw. in den T. eingebaut werden. Beim T. kommen Augenbewegungen, leichte Muskelspannungen, unregelmäßiges Atmen und sexuelle Erregungen vor, Letztere nicht selten auch 70 dann, wenn Träume keine sexuellen Inhalte haben. Experimentell nachgewiesen wurde auch, dass am Vortag nur unvollständig aufgenommene Informationsreize im T. vervollständigt („nachentwickelt") werden. Mehr als 50 % aller Träume enthalten Aus-75 züge aus dem Vortag („Tagesreste"). Eine Verhinderung des Träumens (z. B. durch Aufwecken) über längere Zeit führt zu psych. Störungen. – Schaltsysteme im Gehirn laufen im T. anders als im Wachen. Die biolog. Funktion des T. ist noch unklar: Gedacht wird 80 an biochem. Gehirnerholung, Entlastung des Gehirns von unwichtigen, „zu vergessenden" Daten oder an Übernahme von Eindrücken aus einem Kurzzeit- in einen Langzeitspeicher bei gleichzeitiger Einordnung in den bestehenden Erfahrungsschatz (Ge-85 dächtnisbildung).

Religionsgeschichtl.: Nach weitverbreitetem Glauben tritt im T. der Mensch mit dem Übersinnl. in Verbindung; er erfährt die Einwirkungen guter wie auch böser Mächte. Zu den schädl. zählt bes. ein den Alp-90 druck verursachender Dämon. Im Allg. überwiegt jedoch die Vorstellung positiver Erfahrungen. Deshalb wurde v. a. in der Antike der Tempelschlaf

---

[1]   im engeren Sinne
[2]   im weiteren Sinne
[3]   Zeitspanne von der Eroberung des Perserreichs durch Alexander den Großen im 4. vorchristlichen Jahrhundert bis zum Beginn der römischen Vorherrschaft 30 v. Chr., geprägt durch griechische Sprache und Kultur
[4]   ursächlich-rückschrittlich
[5]   zielführend-fortschrittlich

(→ Inkubation) vollzogen. Denn an hl. Stätten erwar-
95 tete man einerseits Heilung von Krankheiten, andererseits den Empfang von Botschaften aus dem Jenseits, die für den Träumenden existenzielle Bed.
besaßen. Der T. vermittelt oft einen göttl. Befehl (z. B.
Matth. 2,12). Symbol. Inhalte eines T. erfordern eine
100 Deutung. Wie die Josephsgeschichte (1. Mos. 41)

zeigt, stand der T.deuter im Alten Orient in hohem
Ansehen. Oft wird die wahrsagende, mant.[1] T.deu-
tung (*Oneiromantie*)[2] durch T.bücher vermittelt.

Aus: Meyers Großes Taschenlexikon, Bd. 22 © 2009 wissenmedia GmbH, Gütersloh/München

[1] mantisch, d. h. weissagend, wahrsagend
[2] gr.: Weissagung aus Träumen

■ *Vergleichen Sie Ihre Definition des Wortes „Traum" mit dem Text des Lexikoneintrags.*

■ *Stellen Sie mithilfe des Lexikonartikels heraus, welche wissenschaftlichen Fachrichtungen sich mit dem Phänomen Traum beschäftigen, und stellen Sie deren Zugangsweisen einander gegenüber.*

■ *Erarbeiten Sie eine chronologische Zusammenschau der Geschichte der Traumdeutung, zum Beispiel in Form eines Zeitstrahls.*

Projektarbeit „Arthur Schnitzler und seine Zeit"

Arbeitsaufträge für die Gruppen:

Recherchieren Sie Informationen und bereiten Sie eine Präsentation (unterstützt durch PowerPoint, Tageslichtfolie, ein Plakat und/oder ein Handout für die Mitschüler) zu Ihrem Schwerpunktthema vor: **Arthur Schnitzler: Leben und Werk**	Recherchieren Sie Informationen und bereiten Sie eine Präsentation (unterstützt durch PowerPoint, Tageslichtfolie, ein Plakat und/oder ein Handout für die Mitschüler) zu Ihrem Schwerpunktthema vor: **Die Literaten der Gruppe „Junges Wien"**
Recherchieren Sie Informationen und bereiten Sie eine Präsentation (unterstützt durch PowerPoint, Tageslichtfolie, ein Plakat und/oder ein Handout für die Mitschüler) zu Ihrem Schwerpunktthema vor: **Sigmund Freud: Biografie, Instanzenmodell und Traumdeutung**	Recherchieren Sie Informationen und bereiten Sie eine Präsentation (unterstützt durch PowerPoint, Tageslichtfolie, ein Plakat und/oder ein Handout für die Mitschüler) zu Ihrem Schwerpunktthema vor: **Malerei um 1900: Klimt, Schiele u. a.**
Recherchieren Sie Informationen und bereiten Sie eine Präsentation (unterstützt durch PowerPoint, Tageslichtfolie, ein Plakat und/oder ein Handout für die Mitschüler) zu Ihrem Schwerpunktthema vor: **Industrie und die Folgen des technischen Fortschritts um die Jahrhundertwende**	Recherchieren Sie Informationen und bereiten Sie eine Präsentation (unterstützt durch PowerPoint, Tageslichtfolie, ein Plakat und/oder ein Handout für die Mitschüler) zu Ihrem Schwerpunktthema vor: **Architektur um 1900: Wagner, Loos u. a.**
Recherchieren Sie Informationen und bereiten Sie eine Präsentation (unterstützt durch PowerPoint, Tageslichtfolie, ein Plakat und/oder ein Handout für die Mitschüler) zu Ihrem Schwerpunktthema vor: **Urbanisierung und Großstadtleben um die Jahrhundertwende**	Recherchieren Sie Informationen und bereiten Sie eine Präsentation (unterstützt durch PowerPoint, Tageslichtfolie, ein Plakat und/oder ein Handout für die Mitschüler) zu Ihrem Schwerpunktthema vor: **Musik um 1900: Mahler, Schönberg u. a.**
Recherchieren Sie Informationen und bereiten Sie eine Präsentation (unterstützt durch PowerPoint, Tageslichtfolie, ein Plakat und/oder ein Handout für die Mitschüler) zu Ihrem Schwerpunktthema vor: **Die politische Situation in Wien um die Jahrhundertwende**	Recherchieren Sie Informationen und bereiten Sie eine Präsentation (unterstützt durch PowerPoint, Tageslichtfolie, ein Plakat und/oder ein Handout für die Mitschüler) zu Ihrem Schwerpunktthema vor: **Die kulturellen Zentren um 1900: Wien, Berlin und Prag im Vergleich**

Das erste Kapitel

Die Novelle ist in sieben Kapitel untergliedert, deren erstes einen deutlich expositorischen Charakter hat. Zunächst wirft der Leser einen kurzen Blick auf Albertines und Fridolins bürgerliches Leben als liebende Eltern einer kleinen Tochter. Doch bereits die ersten Sätze der Novelle, in denen das Kind eine Geschichte liest, die einem Märchen ähnelt, deuten an, dass es neben der greifbaren Realität weitere Facetten von Wirklichkeit gibt. Der Leser erfährt nach dieser nur knappen einleitenden Episode sehr bald von der zweiten Seite der beiden Hauptfiguren Fridolin und Albertine, von ihren sexuellen Sehnsüchten und Leidenschaften. Die märchenhaften Motive der ersten Sätze erscheinen später am Wendepunkt der Novelle – in Albertines Traum (Kapitel V) – wieder. Darüber hinaus dienen sie dazu, von Anfang an die Atmosphäre einer traumhaften Wirklichkeit aufzubauen.

Der anschließende Austausch über die Eindrücke der Ballnacht löst ein Geplänkel und schließlich ein ernsteres Gespräch über die verborgenen Wünsche des Paares aus. Albertine beginnt schließlich damit, Fridolin von der Anziehungskraft, die ein unbekannter Mann im vergangenen Sommerurlaub auf sie ausgeübt hat, zu berichten. Nach und nach gleiten die Protagonisten und mit ihnen der Leser in jene „geheimen Bezirke [...], nach denen sie kaum Sehnsucht verspürten und wohin der unfassbare Wind des Schicksals sie doch einmal, und wär´s auch nur im Traum, verschlagen könnte." (S. 9, Z. 20 ff.)

2.1 Die Hauptpersonen und ihr Lebensumfeld: Fridolin und Albertine

Albertine und Fridolin werden als gut situiertes, bürgerliches Ehepaar dargestellt, das in seiner Auffassung von der Rollenverteilung zwischen Mann und Frau den Idealen seiner Zeit entspricht. Fridolin ernährt als Arzt die Familie, Albertine betätigt sich – unterstützt von Hauspersonal – rührig als Hausfrau und Mutter (S. 8, Z. 29 ff.). In dieser Konstellation deutet sich bereits an, dass Fridolins Selbstverständnis als Mann zutiefst erschüttert sein muss, wenn er erfährt, dass seine Frau durchaus auch eigenständige sexuelle Fantasien hat, die nichts mit ihm zu tun haben.

Arthur Schnitzler spiegelt in der Gestaltung seiner Protagonisten einerseits die Zustände der von ihm erlebten gesellschaftlichen Verhältnisse in Wien zu Beginn des 20. Jahrhunderts wider. Andererseits zeigt seine Biografie, dass er die Arbeit an der „Traumnovelle" in einer Zeit vorangetrieben hat, in der er persönlich Eheprobleme mit seiner Frau Olga hatte, die schließlich zur Scheidung führten. Schnitzler bejaht am Beispiel von Albertine und Fridolin die gegenseitige Offenheit des Paares und stützt damit die Bestrebungen der Frau, sich (nicht nur sexuell) zu emanzipieren. Er kritisiert den patriarchalischen Herrschaftsanspruch zugunsten eines neuen – und zugleich auch beängstigenden, da Altes in Frage stellenden – Verständnisses von Partnerschaft. Hier schlägt sich der Zeitgeist der Jahrhundertwende in diesem wie auch in zahlreichen anderen Werken Schnitzlers nieder: Es ist eine Phase des Umbruchs, in der bestehende gesellschaftliche Normen in Frage gestellt werden und alte Werte zunehmend zerbrechen, neue aber noch nicht gefunden sind.

Die Gleichberechtigung von Frau und Mann in einer Partnerschaft dürfte von den Schülerinnen und Schülern wohl als selbstverständlich angenommen werden, wobei sich unter Umständen eine spannende Diskussion darüber entwickeln kann, wie die Jugendlichen ihre Rollen auch mit Blick auf ihre berufliche und familiäre Zukunft sehen. Möglicherweise kann an dieser Stelle mit dem Fach Sozialwissenschaft oder Erziehungswissenschaft zusammengearbeitet werden. Um der Wirklichkeit des 21. Jahrhunderts auf plakative Weise das Rollenbild der Zeit um 1900 gegenüberzustellen, kann das Material aus dem Anhang der Textausgabe herangezogen werden (Kap. 4: „Die Rolle der Frau", S. 132 ff.). Als Einstieg bietet sich die Auseinandersetzung mit dem Bild „Liebespaar" von Egon Schiele (Textausgabe S. 132) an. Hier wird die Frau im Verhältnis zum Mann in einer erniedrigten Position dargestellt. Seine Hand liegt auf ihrem Kopf, was den Eindruck erweckt, dass er sie in diese Haltung drückt oder sie dort hält. Sie umklammert ihn und scheint vor ihm zu knien. Ihr Gesicht ist dabei etwa in Höhe seines Geschlechtsteils, ihr eigener Unterleib, der auf dem Bild nur noch zum Teil zu sehen ist, ist unbekleidet. Die Gesichter der Figuren strahlen, anders als der Titel es suggeriert, nicht das Glück eines Liebespaares, sondern eher Ernst und Skepsis aus. Egon Schiele löst sich in seinen Darstellungen von einer überkommenen Definition des Schönen und stellt in seinem Werk das bislang verdrängte Trieb- und Gefühlsleben dar, oder, wie ein zeitgenössischer Kritiker urteilte: „Man hatte nämlich an einigen der von Schiele gemalten Bildnisse erkannt, dass er das Innere der Menschen nach außen zu stülpen vermag, und man graute sich nun vor dem möglichen Anblick des sorgsam Verborgenen, das jauchig und milbig ist und von fressender Zersetzung ergriffen".[1]

■ *Betrachten Sie das Bild „Liebespaar" von Egon Schiele (Textausgabe S. 132) und beschreiben Sie die dargestellten Figuren.*

■ *Lassen Sie die beiden Figuren des Bildes zu Wort kommen. Was würden Sie sagen, wenn man Sie nach ihren Gedanken und Empfindungen fragte?*

■ *Beurteilen Sie den Titel des Bildes. Ist er in Ihren Augen passend?*

■ *Wenn Sie selbst ein Bild von einem Liebespaar malen wollten – wie würde es aussehen?*

Weitere zeitgenössische Dokumente (Textausgabe S. 134 ff.) illustrieren das Rollenverständnis der Zeit sowohl aus männlicher (Otto Weininger, Textausgabe S. 134 ff.) als auch aus weiblicher (Franziska Gräfin zu Reventlow, Textausgabe S. 137 f.) Sicht und zeigen darüber hinaus, wie sehr die Vorstellungen der Zeit zu moralischen Zwängen wurden (siehe Gustav Mahlers Brief an seine Frau Alma, Textausgabe S. 136).

■ *Lesen Sie die zeitgenössischen Texte zur Rolle der Frau um 1900 (Textausgabe S. 134 ff.). Fassen Sie die wesentlichen Informationen in einigen kurzen Sätzen zusammen.*

■ *Vergleichen Sie das Rollenverständnis der Jahrhundertwende mit dem heutigen.*

■ *Diskutieren Sie: Sind Frau und Mann heute gleichberechtigt?*

Der nächste Arbeitsschritt wendet sich wieder dem Novellentext zu. Es wird anhand des ersten Kapitels erarbeitet, welche Informationen der Leser über Fridolin und Albertine bekommt. Die Schülerinnen und Schüler sollen erkennen, dass das Paar einerseits nach außen hin als idealtypisch gezeichnet wird. Andererseits können sie vor dem Hintergrund des zuvor erworbenen Wissens über das zeitgenössische Rollenverständnis erkennen, dass Albertine

---

[1] Arthur Roessler (1912), zitiert nach: Christian M. Nebehay: Egon Schiele – Leben und Werk, Salzburg 1980, S. 117

die ihr zugedachte Position nicht übernimmt. Sie wird beschrieben als „die Ungeduldigere, die Ehrlichere oder die Gütigere von den beiden" (S. 9, Z. 35 f.) und damit als keineswegs ihrem Mann charakterlich unterlegen. Mit der Schilderung ihrer Fantasien übersteigt sie ihre Rolle und stellt die Beziehung, so wie Fridolin sie versteht, in Frage. Der Grundkonflikt, die Ehekrise, ist folglich auf den ersten Seiten der Novelle bereits grundgelegt.

Die Annäherung an die beiden Hauptfiguren geschieht im Folgenden über unterschiedliche Zugangswege. Die Textarbeit wird ergänzt und vertieft durch eine produktive Schreibaufgabe und einen Gestaltungsauftrag (**Arbeitsblatt 4**, S. 34). Beide Methoden sind geeignet, die Außensicht – das bürgerliche Leben – und die Innensicht – die bislang unausgesprochenen Fantasien – als wesentlich für die Charaktere herauszustellen.

Im weiteren Verlauf wird zutage treten, dass Fridolin die Erfüllung seiner sexuellen Bedürfnisse für sich als Mann als selbstverständlich deklariert (vgl. z. B. Textausgabe S. 22, Z. 35 ff.: „[…] dass er noch mitten in seiner Jugend stand, eine reizende und liebenswerte Frau zu eigen hatte und auch noch eine oder mehrere dazu haben konnte, wenn es ihm gerade beliebte.").

Vor diesem Hintergrund ist bemerkenswert, dass es bei sämtlichen Begegnungen Fridolins mit Frauen im Verlauf der Novelle kein einziges Mal zu einem Beischlaf kommt. Fridolin bleibt Albertine also zuletzt körperlich treu, trägt aber das männliche Selbstbewusstsein des Eroberers in sich. Die Tatsache, dass seine Frau gleichermaßen sexuelle Fantasien und Wünsche hegt, schockiert ihn jedoch zutiefst, lässt ihn des Nachts durch die Straßen streifen und führt ihn letztendlich auf den geheimnisvollen Maskenball, der den Höhepunkt seiner Erlebnisse darstellt (s. Baustein 4).

■ *Stellen Sie zusammen, was Sie im ersten Kapitel der „Traumnovelle" über die beiden Hauptfiguren Fridolin und Albertine und das Leben, das sie führen, erfahren.*

■ *Verfassen Sie für Fridolin und Albertine jeweils eine Rollenbiografie, in der diese sich in der Ich-Form vorstellen.*

■ *Gestalten Sie die Umrisse der beiden Figuren (Arbeitsblatt 4) so, dass sie wesentliche Charakterzüge von Fridolin und Albertine zeigen. Zeichnen Sie sie dazu zunächst großformatig auf Karton oder Tapete. Erstellen Sie dann mit Begriffen und/oder kreativen Gestaltungen eine Collage.*

Ergänzend oder alternativ können die Ergebnisse an der Tafel festgehalten werden:

Fridolin und Albertine:

nach außen: Arzt – Ehepaar – Hausfrau und Mutter
➡ bürgerliches Leben

in ihrem Inneren: verborgene Wünsche, ungestillte Träume
➡ „ein Hauch von Abenteuer, Freiheit und Gefahr" (S. 9, Z. 25 f.)

2.2 Der Grundkonflikt: Die Redoute und anschließende Geständnisse

Die Ereignisse der vergangenen Ballnacht, die zeitlich vor dem Einsetzen der Handlung stattgefunden hat, gewinnen in der Rückschau für Albertines und Fridolins Paarbeziehung an Bedeutung. Die Begegnungen mit den unbekannten Ballgästen regen beide zunächst an, verlieren dann jedoch schnell ihren Reiz. Die Anziehungskraft der beiden Hauptfiguren aufeinander steigt jedoch mit zunehmender Distanzierung vom Ballgeschehen, sodass sie wie frisch Verliebte miteinander nach Hause eilen und die Nacht verbringen. Mit der Erinnerung an die Redoute wird bereits auf den ersten Seiten der Novelle ein zentraler und im späteren Verlauf wiederkehrender Handlungsraum, nämlich der eines Maskenballs mit erogener Wirkung, eröffnet. Schon auf den ersten Seiten der Novelle tritt auch der handlungsleitende Grundkonflikt zutage, der sich als Dreischritt aus unbefriedigten Bedürfnissen, Eifersucht auf außereheliche Fantasien und anschließenden Rachegedanken darstellt. Dabei ist Albertine diejenige, die die Ereignisse auslöst, indem sie den ersten Schritt macht und Fridolin von ihren bislang geheimen Wünschen und Erlebnissen des vergangenen Urlaubs berichtet. Fridolin reagiert darauf seinerseits mit einer ähnlichen Erzählung, wobei es in beiden Fällen bei erotischen Fantasien geblieben ist. Bereits hier wird deutlich, dass Albertine und nicht Fridolin die führende Figur ist. Diese Rolle der Albertine wird zu einem späteren Zeitpunkt nach Abschluss der Lektüre noch einmal thematisiert (s. Baustein 6).

Die Schülerinnen und Schüler erarbeiten hier zunächst die Funktion der Redoute als auslösendes Moment für die weiteren Ereignisse der Erzählung. Aus einem Geplänkel über die „unbeträchtlichen Erlebnisse" (Textausgabe S. 9, Z. 4) ergibt sich ein ernsthafteres Gespräch über die verborgenen Wünsche und Sehnsüchte beider. Durch den produktiven Schreibauftrag „Zettel auf dem Frühstückstisch" erkennen die Schülerinnen und Schüler die verbindende Wirkung der Redoute. Die Ergebnisse der Aufgabe sollten deutlich werden lassen, dass der Flirt mit anderen möglichen Sexualpartnern für Fridolin und Albertine rückblickend keine Bedrohung ihrer Ehe darstellt, sondern sie als Paar eher enger zusammenrücken und Erfüllung innerhalb der Ehe suchen lässt. Programmatisch ist hier das Ende der Novelle bereits vorausgedeutet: Auch die weiteren Ereignisse der kommenden zwei Nächte werden die Partnerschaft von Albertine und Fridolin zwar erschüttern, sie aber nicht trennen können.

    ▓ *Welche Bedeutung kommt der Redoute für die Paarbeziehung von Fridolin und Albertine zu?*

    ▓ *Erläutern Sie, inwiefern die Redoute als Auslöser für die folgende Handlung gedeutet werden kann.*

    ▓ *Stellen Sie sich vor, Fridolin oder Albertine hinterließen am Morgen nach der Ballnacht einen Zettel auf dem Frühstückstisch für den jeweils anderen. Was würde er/sie Ihrer Meinung nach schreiben? Vervollständigen Sie das Arbeitsblatt 5.*

    ▓ *Vergleichen Sie Ihre Ergebnisse. Unterscheiden sich die Nachrichten aus Albertines Perspektive von denen aus Fridolins Sicht?*

Albertine fasst sich als Erste ein Herz und erzählt Fridolin von der sonderbaren Anziehungskraft, die ein Unbekannter in ihrem vergangenen Sommerurlaub auf sie gehabt habe (Textausgabe S. 9 ff.). Auffällig in ihrer Schilderung ist die Symbolik der Farben: Der fremde Offizier trägt eine gelbe Tasche mit sich und Albertine hat sich am Abend mit einer weißen Rose am Gürtel geschmückt. Dem Accessoire in der Farbe der Eifersucht, des Neids und – in Anspielung auf das „Yellow Book" aus Oscar Wildes „Das Bildnis des Dorian Gray" – der Verderbnis und der Dekadenz steht somit ein Symbol der Jungfräulichkeit und Verschwiegenheit auf Albertines Seite gegenüber.

Die Situation als solche hingegen scheint von außen betrachtet völlig unverfänglich: Zwei Offiziere sind im Sommerurlaub im gleichen Hotel abgestiegen wie Fridolin und Albertine. Außer einem kurzen Blickkontakt zwischen Albertine und einem der Fremden kommt es zu keinem weiteren Kontakt; am folgenden Tag ist der Offizier überraschend abgereist. In Albertines Fantasie geschieht jedoch umso mehr: Sie fühlt sich seltsam intensiv angezogen von dem Unbekannten und wäre sogar bereit gewesen, ihre Ehe und ihre Familie sofort für ihn zu verlassen.

Parallel dazu steht Fridolins Begegnung mit einem jungen Mädchen (Textausgabe S. 11 ff), das er zufällig auf einem Morgenspaziergang an einer abgelegenen Badehütte trifft. Auch hier geschieht außer einem vielsagenden Blickkontakt nichts weiter. Wie in Albertines Geschichte kommt es zu keinem Gespräch, keinem Körperkontakt, keinem zweiten Treffen.

Dass dennoch diese beiden Geschehnisse den Eintritt in eine bislang unbetretene Welt unausgesprochener Bedürfnisse darstellen, ist offensichtlich. Eine Querverbindung zur späteren Handlung stützt diese These: Beide Begegnungen fanden im Sommerurlaub in Dänemark statt. Und eben dieses Wort „Dänemark" dient Fridolin später als Eingangsparole in die geheimnisvolle Gesellschaft.

■ *Das Wort „Dänemark" wird später für Fridolin zur Eingangsparole für einen geheimen Maskenball. Halten Sie stichwortartig fest, welche Assoziationen es in seinem Kopf hervorrufen wird.*

■ *Wie würden Sie reagieren, wenn Ihnen Ihr Partner/Ihre Partnerin ein Geständnis machte, wie Albertine und Fridolin es im ersten Kapitel der Novelle tun (S. 9 ff./S. 11 ff)?*

■ *Diskutieren Sie, wann Ihrer Meinung nach Untreue in einer Paarbeziehung anfängt.*

■ *Beurteilen Sie Albertines Vorschlag, sich solcherlei Situationen künftig immer direkt zu erzählen (S. 12, Z. 38 f.).*

■ *Albertine wird bezeichnet als „die Ungeduldigere, die Ehrlichere oder die Gütigere von beiden" (Textausgabe S. 9, Z. 35 f.). Erläutern Sie die drei Beschreibungen näher und entscheiden Sie begründet, welche ihrer Eigenschaften am meisten für ihr Geständnis ausschlaggebend war.*

In beiden Episoden spielen die Blicke, die zwischen Albertine und dem Offizier beziehungsweise zwischen Fridolin und dem Mädchen am Strand gewechselt werden, eine herausragende Rolle. Lediglich ein kurzer Blickkontakt wirkt auf Albertine derart, dass sie Fridolin seinetwegen verlassen hätte. Die Begegnung endet mit einem „rätselhaften Blick". Ebenfalls rätselhaft und vielsagend sind die Blicke, die das Mädchen am Strand Fridolin zuwirft und die dieser als lockend deutet. Während Albertine offen zugibt, den Blick ihres Verehrten gesucht zu haben, erwähnt Fridolin sein eigenes Schauen nur in seiner Wirkung auf sein Gegenüber („durch den Glanz meines Blicks, den sie auf sich fühlte, stolz und süß erregt" (S. 12, Z. 12)). Das Mädchen stoppt die weitere Annäherung ebenfalls nur durch einen Blick, der die Macht hat, Fridolin fast in Ohnmacht zu versetzen. In diesen beiden Textpassagen wird deutlich ein Leitmotiv angelegt, das – im Zusammenspiel mit dem Motiv der Maske – auch den weiteren Verlauf der Novelle prägen wird (siehe Baustein 4.2). Die Erotik des Schauens und die Macht des Gesehenwerdens werden vor allem Fridolins nächtliche Erlebnisse in der geheimnisvollen Gesellschaft bestimmen.

■ *Lesen Sie Albertines und Fridolins Geständnisse (S. 9 ff./S. 11 ff.) erneut und arbeiten Sie dabei besonders die Verwendung und die Bedeutung des Motivs des Schauens heraus.*

■ *Stellen Sie vergleichend heraus, welche Bedeutung der Blickkontakt für Fridolin und für Albertine in diesen Situationen hat.*

Die Macht der Blicke

Albertine und der Offizier:

- Begegnung wird begonnen und beendet durch einen Blickkontakt
- Albertine sucht zwischenzeitlich den Blick des Offiziers, den er ihr aber nicht gewährt

➡ Albertine sucht aktiv Blickkontakt

Fridolin und das Mädchen am Strand:

- beobachtet zunächst das Mädchen
- fühlt sich dann von ihren Blicken angelockt
- interpretiert sein eigenes Schauen nur in seiner anziehenden Wirkung auf das Mädchen
- ist schließlich der Macht ihres Blicks völlig ausgeliefert

➡ Fridolin nimmt eher passiv Blicke seines Gegenübers in ihrer Wirkung auf ihn wahr und erliegt schließlich ihrer Macht

➡ Blicke stiften und lösen Kontakt
➡ Sehen und Gesehenwerden erhält sexuelle Bedeutung

Nur scheinbar versöhnlich ist die dritte Szene (S. 13, Z. 29 ff.) dieser gegenseitigen Geständnisse angelegt. Albertine offenbart Fridolin, dass sie, noch als junges Mädchen von 16 Jahren, allzu gerne schon vor ihrer Ehe und Verlobung mit Fridolin auch geschlechtlich verkehrt hätte. Während sie das als Zeichen ihrer Liebe zu Fridolin interpretiert, reagiert dieser eher skeptisch, ob sie dieses unmoralische Angebot nicht auch anderen Männern gemacht hätte. Die gleiche Situation wird von den beiden Partnern also auch rückblickend noch unterschiedlich wahrgenommen. Fridolin erkennt nicht, dass Albertine seine Attraktivität als Mann und seine sexuelle Anziehung auf sie herausstellt, sondern bleibt in den Rollen- und Moralvorstellungen seiner Zeit verhaftet, die von einer Frau verlangten, jungfräulich in die Ehe zu gehen.

> ▨ *Vergleichen Sie, wie Albertine selbst die Wirkung ihres zweites Geständnisses (S. 13, Z. 29 ff.) einschätzt und wie es von Fridolin gedeutet wird.*

> ▨ *Erläutern Sie die unterschiedlichen Bewertungen von Fridolin und Albertine unter Rückgriff auf das Rollenverständnis und die Moralvorstellungen der Zeit.*

2.3 Die Atmosphäre: Das Verhältnis von Tag und Traum

Die Handlungsebenen in Schnitzlers Werk auf die Dichotomien Tag und Nacht bzw. Realität und Traum festzulegen, hieße, sie unzulässig zu reduzieren. Die Novelle spielt nicht nur auf, sondern auch zwischen und mit diesen Ebenen. Auf der einen Seite wird der Alltag von Fridolin und Albertine als Eltern einer kleinen Tochter, als Ehepaar und als Arztfamilie skizziert. Auf der anderen Seite nimmt Albertines nächtlicher Traum (Kapitel V) eine zentrale Stellung ein. Dazwischen aber stehen die Fantasien beider, ihre Tagträume und die traumhafte Wirklichkeit von Fridolins nächtlichem Besuch auf dem Ball der seltsam geheimnisvollen Gesellschaft. Bereits im ersten Kapitel der Novelle wird dieses Verschwimmen von Realität und Fantasie, von Tag und Traum, sehr deutlich.

Am Beispiel einer Textstelle (S. 8/9), mit der sich die Schülerinnen und Schüler im Folgenden näher beschäftigen, lässt sich die von Schnitzler angenommene große Einflussnahme der traumhaften Welt auf die Tagwelt erarbeiten. Der Textausschnitt ist geprägt durch zahlreiche Metaphern, die auf bildhafte Weise das Verhältnis der beiden Ebenen Realität und Fantasie darstellen. Die metaphorische Sprache signalisiert darüber hinaus, dass die Ebene des Rationalen und Sagbaren nun verlassen wird, hin zu einer Welt der Symbole und Bilder.

In der sprachlichen Analyse des Textauszugs sollte darüber hinaus deutlich werden, dass die geheimen Wünsche und Fantasien mit der Wirkung von Naturgewalten verglichen werden, die einerseits flüchtig, anderseits jedoch unberechenbar und machtvoll sein können. Das zentrale Motiv der Novelle – der Traum – wird hier zum ersten Mal erwähnt und erhält ebenso eine vorausdeutende Funktion.

Durch die Umsetzung des Textes in eine Skizze erkennen die Schülerinnen und Schüler, dass Wirklichkeit und Traum nicht als unabhängig voneinander dargestellt sind, sondern dass das verborgene „Unten" die Alltagsexistenz beeinflusst. Zum Zweiten dient diese Skizze als wichtige Vorbereitung auf die Arbeit mit dem Instanzenmodell nach Freud, der seinerseits gleichfalls von einem tiefer liegenden Unbewussten – umgangssprachlich bezeichnenderweise auch häufig „Unterbewusstsein" genannt – ausgeht. Schnitzler selbst nahm hingegen die Existenz eines sogenannten „Mittelbewusstseins" an, das ständig präsent ist, im Gegensatz zu Freuds Theorie einer Verdrängung des Es durch das Über-Ich. Falls die Schülerinnen und Schüler bereits mit einer psychologischen Deutung der Bewusstseinsebenen vertraut sind – etwa durch Vorkenntnisse aus dem Unterricht im Fach Erziehungswissenschaft (oder auch durch eine Präsentation wie in Baustein 1 vorgeschlagen) – werden sie an dieser Stelle vielleicht bereits einen Zusammenhang zu Sigmund Freuds Instanzenmodell herstellen. Eine vertiefte Auseinandersetzung mit der Tiefenpsychologie, der Arthur Schnitzler nicht ganz unkritisch gegenüberstand, findet an späterer Stelle des Unterrichtsverlaufs im Zusammenhang mit der Traumdeutung (Baustein 5) statt.

■ *Analysieren Sie den Textausschnitt S. 8, Z. 28 bis S. 9, Z. 34 und erarbeiten Sie dabei insbesondere, wie das Verhältnis von Alltagsleben und nächtlichen Ereignissen hier dargestellt wird.*

■ *Stellen Sie das Verhältnis von Alltag und Fantasien in Form einer Skizze dar.*

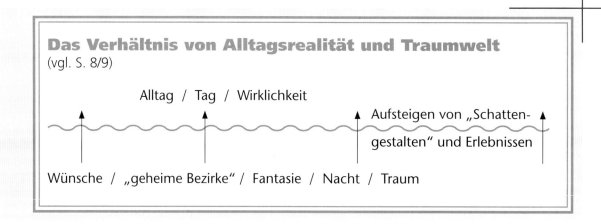

Das Verhältnis von Alltagsrealität und Traumwelt
(vgl. S. 8/9)

Alltag / Tag / Wirklichkeit

Aufsteigen von „Schattengestalten" und Erlebnissen

Wünsche / „geheime Bezirke" / Fantasie / Nacht / Traum

2.4 Der expositorische Charakter des ersten Kapitels

Die Struktur einer Novelle weist häufig in ihrer Anlage Parallelen zum Aufbau eines klassischen Dramas auf, das heißt, sie strebt von einer Exposition stringent auf einen Wendepunkt zu, von dem aus die Handlung ausläuft (vgl. auch Gero von Wilpert: „Novelle", Textausgabe S. 106, Z. 18 ff.). Dementsprechend nimmt das erste Kapitel der „Traumnovelle" eine deutlich expositorische Funktion ein. Neben der Vorstellung der Hauptfiguren Fridolin und Albertine liegt ein besonderes Augenmerk auf dem Aufbau der Atmosphäre der Handlung und der raschen Herausstellung des handlungsleitenden Konflikts. Ausgelöst durch die gegenseitige Offenlegung ihrer geheimen Wünsche, bekommt die Beziehung eine neue Qualität, die das zunächst idealtypisch erscheinende Leben der kleinen Arztfamilie infrage stellt und beide in ihrer Beziehung zueinander erschüttert.

Wenn den Schülerinnen und Schülern der Begriff der Exposition nicht bekannt ist, sollte er an dieser Stelle des Unterrichts als Fachbegriff eingeführt und erläutert werden.

> ■ *Erläutern Sie, inwiefern dem ersten Kapitel der „Traumnovelle" die Funktion einer Exposition zukommt.*

Funktion des Kap. 1:

Einführung des Lesers in Grundstimmung, Ausgangssituation, Zeit, Ort und Figuren der Handlung:

- Vorstellung der Hauptfiguren Fridolin und Albertine zunächst als gut situiertes Ehepaar und liebende Eltern in Wien um 1900, dann als Figuren mit unausgesprochenen Leidenschaften

- Entwicklung einer märchenhaften, unwirklichen Atmosphäre durch erzähltes Märchen und Erinnerung an maskierte Besucher der Redoute

- Gegenüberstellung von Alltag und sexueller Fantasie

- Albertines Erzählung als Auslöser weiterer Geständnisse

  ➡ **expositorischer Charakter**

Notizen

_____

_____

_____

_____

_____

_____

_____

33

Fridolin und Albertine

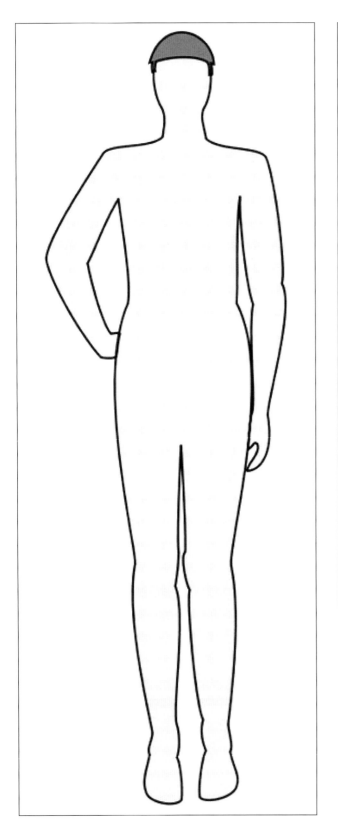
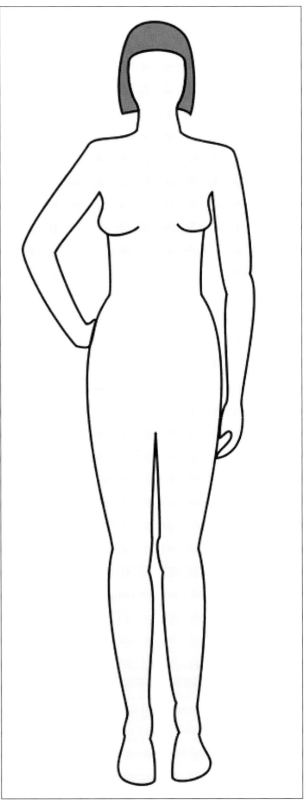

■ *Gestalten Sie die Umrisse der beiden Figuren so, dass sie wesentliche Charakterzüge von Fridolin und Albertine zeigen. Zeichnen Sie sie dazu zunächst großformatig auf Karton oder Tapete. Erstellen Sie dann mit Begriffen und/oder kreativen Gestaltungen eine Collage.*

Nachricht am Morgen danach

■ Stellen Sie sich vor, Fridolin oder Albertine hinterließen am Morgen nach der Ballnacht einen Zettel auf dem Frühstückstisch für den jeweils anderen. Was würde er/sie Ihrer Meinung nach schreiben? Vervollständigen Sie:

Liebe Albertine/Lieber Fridolin!

Die Nacht mit dir war wunderschön.
Gestern Abend ...

■ Vergleichen Sie Ihre Ergebnisse. Unterscheiden sich die Nachrichten aus Albertines Perspektive von denen aus Fridolins Sicht?

Nächtliche Begegnungen

3.1 Drei Frauen: Marianne, Mizzi, Pierrette

Auf seinem Weg durch das nächtliche Wien, der schließlich auf dem Ball der geheimen Gesellschaft seinen Höhepunkt erreicht, begegnet Fridolin drei Frauen, die unterschiedlicher nicht sein könnten und die ihn doch alle drei reizen. Zusammen mit seiner Frau Albertine und der unbekannten Schönen des Maskenballs lässt Schnitzler fünf Vertreterinnen verschiedener gesellschaftlicher Schichten auftreten, die einerseits durch den gemeinsamen Bezugspunkt Fridolin geeint sind. Andererseits sind es alles Frauen, die zunehmend selbstbewusst ihre Bedürfnisse artikulieren und damit – unterschiedlich akzentuiert und im Rahmen ihrer jeweiligen Möglichkeiten – das von Albertine angestoßene Verhalten stützen.

Im Mittelpunkt der unterrichtlichen Arbeit stehen in diesem Baustein die Kapitel II (Marianne), III (Mizzi) und IV (Pierrette) der „Traumnovelle".

Zunächst wird Fridolin in seiner Eigenschaft als Arzt in das Haus des verstorbenen Hofrats gerufen, wo er dessen Tochter Marianne antrifft. Sie wird als ehemals hübsche, aber durch ihre Lebensumstände und die lange Pflege ihres Vaters gezeichnete junge Frau dargestellt. Fridolin nimmt – auch dies ein typisches Merkmal der Figuren- und Raumgestaltung der Novelle – das Wohnzimmer des Toten und Marianne auch insbesondere olfaktorisch wahr („Es roch nach alten Möbeln, Medikamenten, Petroleum, Küche; auch ein wenig nach Kölnisch Wasser und Rosenseife, und irgendwie spürte Fridolin auch den süßlich faden Geruch dieses blassen Mädchens […]" (S. 16, Z. 14 ff.)). Der Leser taucht auf diese Weise zusammen mit dem Protagonisten intensiv in die Atmosphäre eines Ortes ein. Heute ist wissenschaftlich erwiesen, dass für die Anziehungskraft zweier Menschen auch die „Chemie" eine wesentliche Rolle spielt und darüber entscheidet, ob „sie einander gut riechen können", was die Wirkung von Fridolins Wahrnehmung nur unterstützt.

Insgesamt sind Fridolins Reaktionen auf Marianne, die er schon seit langer Zeit kennt, sehr uneindeutig: Er nimmt ihre verflossene Schönheit wahr und stellt sich vor, wie sie aussähe, wenn sie seine Geliebte wäre; ebenso fragt er sich unter anderem, welche Motive wohl hinter ihrer geplanten Hochzeit mit Doktor Roediger stehen. Die erzählerische Darbietung wechselt an dieser Stelle von der erlebten Rede in den inneren Monolog, der durch zahlreiche Fragen geprägt ist, die Fridolins aufflammendes Interesse an Marianne erkennen lassen (vgl. S. 17, Z. 21 ff). Unmittelbar darauf verbietet Fridolin sich seine Überlegungen selbst mit einer Abschlussfrage, die jedoch ohne Fragezeichen eher als Feststellung stehenbleibt: „Was kümmert´s mich." (S. 17, Z. 29 f.)

Bis zum Ende seines Besuchs bleibt Fridolins ambivalentes Verhalten erkennbar. So spricht er als Antwort auf Mariannes Liebesgeständnis ihren Namen „nicht ohne Zärtlichkeit" aus (vgl. S. 21, Z. 19 f.) und fühlte sich zuvor doch „wie erlöst", als das Läuten der Türglocke ihre Umarmung beendete (vgl. S. 20, Z. 29). Seine wiedergewonnene Distanz zeigt sich im Vergleich mit der oben genannten Textpassage erzähltechnisch in der Verwendung der erzählten Rede und im Verzicht auf Fragen. Mit dem Erscheinen Doktor Roedigers wechselt das Erzählverhalten der Situation entsprechend ins Auktoriale.

Die Begründung für Fridolins Verhalten liegt in seiner plötzlich aufkommenden Erinnerung an Albertine und das Geständnis, das sie ihm kurz vor seiner Abberufung zum Haus des Hofrats gemacht hatte. Fridolin verspürt „Bitterkeit" und „Groll" (S. 20, Z. 23 f.) und zieht, wie um sich an Albertine zu rächen, Marianne enger an sich, jedoch ohne dabei Erregung zu verspüren (vgl. S. 20, Z. 26f.). Der Leser erkennt, anders als die Hofratstochter, als Handlungsmotiv die gekränkte Eitelkeit eines Mannes, der zwar die Zuneigung einer Frau genießt, aber ohne echtes Interesse bleibt.

Die Arbeitsaufträge zur Erschließung des zweiten Kapitels der Novelle sind so angelegt, dass die Schülerinnen und Schüler zunächst ihre Deutungshypothesen über das Verhältnis von Marianne und Fridolin in Form eines Standbildes ausdrücken. Die anschließende Arbeit am Text baut auf diesen Deutungen auf und arbeitet mit ihnen. Diese Auseinandersetzung auf der inhaltlichen Ebene wird durch die Analyse der sprachlichen Darbietungsform notwendig ergänzt und vertieft. Eine Zusammenstellung wichtiger Begriffe zur Erzähltextanalyse sowie einige Hinweise zum Aufbau eines Analyseaufsatzes stellen die **Zusatzmaterialien 2** (S. 109) und **3** (S. 111) bereit.

■ *Lesen Sie das Kapitel II der Novelle und stellen Sie auf der Grundlage des Textes die Beziehung zwischen Marianne und Fridolin als Standbild dar.*

■ *Untersuchen Sie am Text detailliert, wie Fridolin Marianne wahrnimmt.*

■ *Beschreiben Sie Fridolins Reaktion auf Mariannes Avancen und nennen Sie aus dem Text heraus Gründe für sein Verhalten.*

■ *Analysieren Sie die Erzählperspektive und die erzählerische Darbietungsform insbesondere der Textpassagen S. 17, Z. 18–33 und S. 20, Z. 25–S. 21, Z. 3. Deuten Sie Funktion und Wirkung. (Hilfen finden Sie in den Zusatzmaterialien 2 und 3.)*

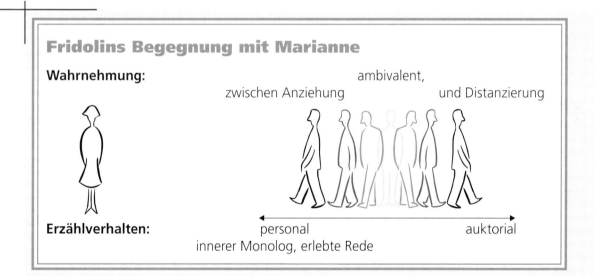

Fridolins Begegnung mit Marianne

Wahrnehmung: ambivalent, zwischen Anziehung und Distanzierung

Erzählverhalten: personal — auktorial
innerer Monolog, erlebte Rede

Nachdem Fridolin das Haus des Hofrats verlassen hat, verspürt er eine „merkwürdige Unlust, sich nach Hause zu begeben" (S. 22, Z. 4f.). Er streift durch die Straßen und trifft auf die Prostituierte Mizzi. Fridolin lässt sich von ihr ansprechen, folgt ihr auch in ihr Zimmer und reflektiert sein Verhalten zugleich selbst („Bin ich verrückt?, fragte er sich. Ich werde sie natürlich nicht anrühren." (S. 26, Z. 17ff.)).

Interessant ist an dieser Textstelle die soziologische Komponente. Die Inanspruchnahme von Diensten einer Prostituierten scheint für die Herren der besseren Gesellschaft zu den Selbstverständlichkeiten zu gehören. So ist zu erklären, dass Mizzi schließen kann: „[…] in dem Bezirk sind ja alle Doktors" (S. 25, Z. 38f.) und Fridolin sich an den Ausspruch eines Kommilitonen erinnert: „Es bleibt immer das Bequemste; – und die Schlimmsten sind es auch nicht." (S. 26, Z. 9f.) Dieses Bild der gesellschaftlichen Moral wird bestätigt und ergänzt durch die zeitgenössischen Überlegungen der Franziska Gräfin zu Reventlow zum „Männer-problem der Frau" (Textausgabe S. 137), in dem aus der Sicht der Frauen die Zustände von inner- und außerehelicher Prostitution offengelegt werden.

Umso bemerkenswerter ist es, dass Fridolin zunächst auf Distanz zu Mizzi bleibt und ihre Umarmung als „tröstende Zärtlichkeit" (S. 27, Z. 7) empfindet. Erst als sie ihrerseits ablehnend wird, um ihn vor der Ansteckung mit einer Krankheit zu schützen, wirbt er um sie. Mizzi bleibt standhaft und lehnt auch das angebotene Geld ab. Fridolins Verabschiedung von ihr mit einem Handkuss zeigt, dass er ihre Integrität erkannt hat. Diese Hochschätzung kippt jedoch, als er sie als „liebe[s] arme[s] Ding" (S. 28, Z. 3) bezeichnet, sofort wieder in eine – dem Zeitgeist ja durchaus entsprechende – machohafte Haltung.

■ *Erarbeiten Sie aus dem Textausschnitt S. 25, Z. 29 – S. 28, Z. 4 sowie aus dem Text „Das Männerproblem der Frau" von Franziska Gräfin zu Reventlow (Textausgabe S. 137) die gesellschaftliche Einschätzung der Prostitution um die Jahrhundertwende.*

■ *Stellen Sie heraus, inwieweit Fridolin den Moralvorstellungen seiner Zeit entsprechend handelt.*

■ *Beurteilen Sie aus Ihrer heutigen Sicht Fridolins Verhalten gegenüber Mizzi.*

Die gesellschaftliche Bewertung der Prostitution um die Jahrhundertwende

- weitgehend gesellschaftlich akzeptierte Möglichkeit für Männer, ohne Verpflichtungen (Schwangerschaft, Ehe) Sexualverkehr zu haben (vgl. S. 137)
- „das Bequemste" (S. 26, Z. 9)
- „Kunden" sind häufig Männer aus besseren Kreisen: „elegante[r] junge[r] Mann" (S. 26, Z. 4); „in dem Bezirk sind ja alle Doktors" (S. 25, Z. 38 f.)

Fridolin:
- hat Skrupel, als verheirateter Mann eine Prostituierte aufzusuchen
- verhält sich gegenüber Mizzi respektvoll (Bezahlung, Geschenke), wertet sie aber zugleich gedanklich ab („liebe[s] arme[s] Ding", S. 28, Z. 3; später auch: „ausgesuchte Ware" (S. 71, Z. 14))

Während seines Besuchs bei dem Kostümverleiher Gibiser trifft Fridolin auf dessen Tochter, die nach ihrer Verkleidung lediglich „Pierrette" genannt wird. Während der Auswahl des Kostüms wird sie mit zwei ebenfalls verkleideten Verehrern im Ladengeschäft von Fridolin und ihrem Vater überrascht. Trotz ihres jungen Alters und Fridolins zunächst eher besorgt als sexuell interessiert erscheinender Reaktion verhält sich Pierrette eindeutig aufreizend ihm gegenüber. Sie presst sich an ihn, sodass Fridolin „von ihren zarten Brüsten ein[en] Duft von Rosen und Puder" (S. 38, Z. 30 f.) aufsteigen riecht, an den er sich auch später noch genau erinnert (S. 42, Z. 10), und wirft ihm lockende Blicke zu. Von ihrem Vater, der sich keineswegs überrascht, sondern eher verärgert über das Verhalten seiner Tochter zeigt, wird sie als „Wahnsinnige [...]" (S. 39, Z. 9) und „verworfenes Geschöpf" (S. 40, Z. 18) bezeichnet.

Alle drei Frauencharaktere, Marianne, Mizzi und Pierrette, bekommen ihre Bedeutung in der Novelle ausschließlich im Blick auf Fridolins inneren Zustand in dieser Nacht. Im Vergleich lässt sich zeigen, wie sie zu Wegbereiterinnen für die folgenden Ereignisse in der geheimnisvollen Villa und die Begegnung mit der schönen Unbekannten werden. Den Schülerinnen und Schülern werden auf dem **Arbeitsblatt 6**, S. 45, einige Aspekte für eine solche vergleichende Gegenüberstellung an die Hand gegeben. Es fällt auf, dass die Frauen, denen Fridolin begegnet, in seinen Augen immer attraktiver werden. Er nimmt sie als jünger, schöner und wohlriechender wahr. Zugleich verlieren sie zunehmend ihre Individualität, was sich in der Namensgebung zeigt. Während Marianne noch bei ihrem wirklichen Rufnamen genannt wird, scheint „Mizzi" als typischer Spitzname für Prostituierte gebräuchlich zu sein („No, wie wir i denn heißen? Mizzi natürlich." S. 26, Z. 12), und „Pierrette" erhält ihren Namen schlicht nach ihrer Verkleidung. Die logische Weiterführung dieser Entindividualisierung ist die folgende Reduzierung der Figuren der Geheimgesellschaft auf ihre Masken.

Marianne, Mizzi und Pierrette eint, dass sie als – physisch oder psychisch – nicht ganz gesund beschrieben werden. Hier schlägt sich die Vorliebe der Dekadenzdichtung für Krankheiten oder krankhafte Zustände nieder, die schließlich in einer Faszination oder gar Sympathie für den Tod kulminiert. Auch in dieser Hinsicht schreitet die Entfaltung des Motivs im weiteren Verlauf der Novelle konsequent fort: Die Frau, der Fridolin als Nächstes begegnen wird, ist die Unbekannte auf dem Maskenball, die für seine Rettung ihren Tod in Kauf nehmen wird.

> ▨ *Vergleichen Sie Marianne, Mizzi und Pierrette unter den auf dem Arbeitsblatt 6 genannten Gesichtspunkten miteinander.*

Fridolin nimmt in den Begegnungen jeweils eine unterschiedliche Rolle den Frauen gegenüber ein, je nachdem, wie sie ihrerseits ihm begegnen. An seinem Verhalten lässt sich umgekehrt auch ablesen, in welcher Rolle er die jeweilige Frau sieht: Marianne gegenüber wird er zum Verführer wider Willen, Mizzi behandelt er wie ein Galan und durch Pierrettes Verhalten wird die Position des Retters evoziert. In drei Fällen nimmt Fridolin sehr männlich-starke Rollen ein. Dieses Verhältnis schlägt später in der Begegnung mit der maskierten Frau in sein Gegenteil um, wenn sie die Starke ist, die ihn warnt und schließlich rettet. So innerlich erschüttert und verändert, kann Fridolin sich am Ende auch seiner charakterlich starken Ehefrau Albertine neu nähern.

> ▨ *Stellen Sie drei Standbilder, die jeweils Fridolin in einer typischen Haltung mit einer der drei Frauen zeigen. Beschreiben und deuten sie Ihre Ergebnisse.*

> ▨ *Stellen Sie vergleichend dar, wie Fridolin sich den drei Frauen gegenüber verhält. Welche Rolle nimmt er der Frau gegenüber jeweils ein?*

Durch eine produktionsorientierte Schreibaufgabe, in der die Schülerinnen und Schüler die Begegnungen aus der jeweiligen Perspektive der Frauen schildern, wird die Wirkung von Fridolins Verhalten auf sein Gegenüber resümierend deutlich. Die Bearbeitung dieser Aufgabe greift auf die vorangegangene Auseinandersetzung mit der Rollenverteilung zurück. Sinnvollerweise wird hier arbeitsteilig vorgegangen, das heißt, jeweils ein Drittel der Lerngruppe übernimmt den Perspektivwechsel aus der Sicht einer der Figuren.

> ▨ *Schildern Sie die Begegnung mit Fridolin aus der Perspektive Mariannes/Mizzis/ Pierrettes (d. h., schreiben Sie in der Ich-Form). In Ihren Texten sollte deutlich werden, wie die Frauen Fridolins Verhalten wahrnehmen und deuten und wie sie seine Rolle als Mann ihnen gegenüber sehen.*

3.2 Nachtigall

Der Pianist Nachtigall wird im Vergleich zu anderen Figuren auffallend genau durch einen auktorialen Erzähler beschrieben. Er ist das Abbild eines typischen Vertreters seiner Zeit: polnischer Herkunft und jüdischer Abstammung, kulturell (Klavierspiel) und wissenschaftlich (Medizinstudium) gebildet, jedoch nicht erfolgreich in seinem angestammten Beruf, sondern zum Lebenskünstler geworden. Sein Studium hat er abgebrochen und seine musikalischen Engagements scheiterten häufig an seinem unflätigen Verhalten. Mit finanzieller Unterstützung seiner Kommilitonen schlug Nachtigall sich durchs Leben, bis Fridolin ihn des Nachts in einem Café überraschend wiedertrifft. Die Beschreibung der äußeren Erscheinung Nachtigalls passt zu seinem Lebenswandel: Seine Kleidung ist abgegriffen, aber seine Augen strahlen heiter und er lacht viel. Lediglich der Gedanke an seine Frau und seine vier Kinder trübt seine Stimmung ein wenig, ohne dass der genaue Grund (Sehnsucht? finanzielle Sorgen? Eheprobleme?) genannt wird.

Indem die Schülerinnen und Schüler einen Perspektivwechsel vornehmen und die Begegnung mit Fridolin aus Nachtigalls Sicht beschreiben, stellen sie die Gemeinsamkeiten und Unterschiede der beiden Figuren heraus und erkennen, dass Fridolin zwar äußerlich ein bürgerliches Leben führt, tatsächlich aber sein Beruf und seine Ehe nicht so perfekt sind, wie es zunächst scheinen mag.

> ▮ *Stellen Sie sich vor, Nachtigall schriebe einen Brief an seine Frau in Lemberg, in dem er berichtet, dass er seinen alten Kommilitonen Fridolin wiedergetroffen hat. Schildern Sie die Begegnung und charakterisieren Sie Fridolin aus Nachtigalls Sicht.*

Die Figur Nachtigall trägt Züge des Typus des sogenannten Dilettanten, der neben dem Dandy als eine der Lieblingsfiguren der Jahrhundertwende bezeichnet werden kann. Dilettantismus bezeichnet eine Geisteshaltung, die sich ständig neuen Lebensformen zuwendet, ohne sich mit einer völlig zu identifizieren.

Die Schülerinnen und Schüler erarbeiten zunächst einige Wesenszüge des Dilettanten anhand des **Arbeitsblattes 7**, S. 47, und stellen dann heraus, dass diese Beschreibung in mehreren Punkten auf Nachtigall zutrifft: Er lebt das Leben eines Kosmopoliten zwischen Polen und Wien, er ist insofern eine „willensschwache Seele", als er weder seinen Weg als Mediziner noch seinen Weg als Musiker erfolgreich meistert, sondern sich mit wechselnden Engagements durchschlägt.

Fridolin hingegen hat zwar sein Studium zum Abschluss gebracht, ist in seinem Beruf jedoch bei weitem nicht so strebsam wie etwa Mariannes Verlobter Dr. Roediger, der eine baldige Professur in Aussicht hat. In Fridolin sowie in Nachtigall spiegelt sich nicht zuletzt auch ihr literarischer Schöpfer Arthur Schnitzler wider, der ebenfalls sein Medizinstudium und seine Tätigkeit als Arzt nur halbherzig verfolgte und sich umso intensiver der Schriftstellerei widmete.

> ▮ *Fassen Sie mit eigenen Worten zusammen, wodurch in der Zeit des Fin de siècle ein „Dilettant" gekennzeichnet ist (Arbeitsblatt 7).*

> ▮ *Überprüfen Sie, inwieweit die Figur Nachtigall in der „Traumnovelle" als Dilettant bezeichnet werden kann.*

Nachtigall als Dilettant

- ist „sinnreich und intellektuell" (musische und medizinische Ausbildung)
- „Kosmopolit ohne Halt im Leben" (polnische Herkunft, Studium in Wien, weitere Stationen in Polen, Rumänien, Bulgarien, Serbien; lebt in räumlicher Distanz zur Familie)
- „Verwandlungskünstler, der mit unterschiedlichen Rollen experimentiert" (keine örtliche oder berufliche Beständigkeit)

 Vergleichen Sie die beruflichen Wege und die Lebenshaltung der Figuren Nachtigall (S. 29, Z. 19 – S. 33, Z. 20) und Fridolin (S. 69, Z. 25 – S. 70, Z. 2) sowie des Schriftstellers Arthur Schnitzler (Textausgabe S. 93 ff.) miteinander.

Nachtigall versucht vergeblich, Fridolin von dem Besuch des Balls der geheimen Gesellschaft abzuhalten, nachdem er ihn zuvor mit seinen Andeutungen neugierig gemacht hat. Schließlich teilt er ihm das Codewort, das für den Einlass nötig ist, mit. Es lautet „Dänemark" und nimmt somit die Fantasien des Sommerurlaubs auf, von dem Albertine und Fridolin sich zuvor gegenseitig erzählt haben (vgl. S. 41, Z. 21 ff.). Mit dieser Anspielung wird bereits deutlich, dass Fridolin ein erotisches Abenteuer erwartet, und es scheint zugleich so, dass er keineswegs zufällig in die Geheimgesellschaft gerät.

 Nehmen Sie Ihre Notizen über Fridolins Assoziationen zu dem Wort „Dänemark" aus einer der vorangegangenen Stunden (s. Baustein 2) noch einmal zur Hand. Begründen Sie, warum Schnitzler ausgerechnet diesen Begriff als Codewort für den Eintritt in die geheime Gesellschaft gewählt hat (vgl. S. 41, Z. 21 ff).

 In einer Verfilmung der „Traumnovelle" hat der Regisseur das Passwort verändert und statt „Dänemark" „Fidelio" gewählt. Recherchieren Sie die Bedeutung dieses Begriffs und beurteilen Sie, ob und wie Fridolins Erwartungshaltung sich ändert.

 Erweitern Sie den Dialog zwischen Nachtigall und Fridolin. Setzen Sie an der Stelle ein, an der Nachtigall sagt: „Unmeglich, zu gefährlich." (S. 35, Z. 34) und lassen sie die beiden diskutieren, ob Fridolin ihn zu dem Ball der Geheimgesellschaft begleiten soll oder nicht. Spielen Sie die erweiterte Szene.

Die fiktive Erweiterung des Dialogs zwischen Nachtigall und Fridolin kann dazu dienen, insbesondere Fridolins Erwartungen und mögliche Bedenken in Worte zu fassen. Auf der einen Seite möchte er gerne seinen sexuellen Wünschen nachgeben und sich auf das erotische Abenteuer des geheimen Balls einlassen. Auf der anderen Seite ist er ein verheirateter Mann, der bereits in den vorangegangenen Begegnungen mit Marianne, Mizzi und Pierrette sowie mit seiner flüchtigen Urlaubsbekanntschaft in Dänemark gezeigt hat, dass er zwar für Reize empfänglich ist, diesen jedoch in keiner der Situationen vollends nachgegeben hat. Er bleibt letztlich – zwar nicht immer aus sich selbst heraus – seiner Frau Albertine treu. Fridolins handlungsleitendes Motiv auf seinem nächtlichen Streifzug durch Wien ist nicht so sehr ein sexuelles Verlangen, sondern seine tiefe Gekränktheit, ausgelöst durch die Geständnisse seiner Frau. Einerseits treibt ihn der Wunsch nach Rache und Vergeltung, andererseits wird er immer wieder von seinem Status als Ehemann gebremst. Ob dabei die Liebe zu seiner Frau oder aber seine Moralvorstellungen überwiegen, lässt sich nicht abschließend entscheiden.

■ *Welche Gründe sprechen in Fridolins Augen für, welche gegen den Besuch des Maskenballs?*

■ *Beurteilen Sie, welches Gewicht den genannten Gründen für Fridolins Entscheidung zukommt.*

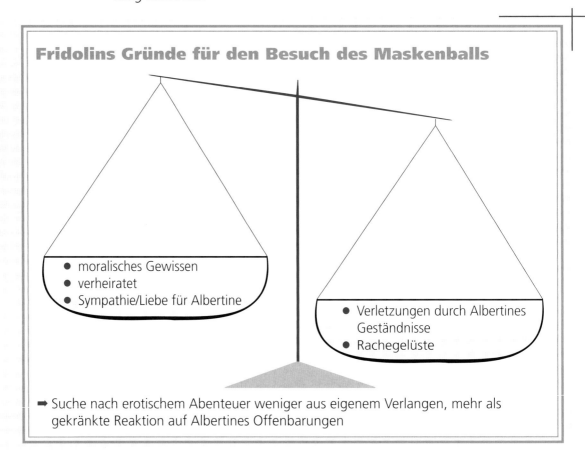

Fridolins Gründe für den Besuch des Maskenballs

- moralisches Gewissen
- verheiratet
- Sympathie/Liebe für Albertine

- Verletzungen durch Albertines Geständnisse
- Rachegelüste

➡ Suche nach erotischem Abenteuer weniger aus eigenem Verlangen, mehr als gekränkte Reaktion auf Albertines Offenbarungen

3.3 Gibiser

Die Schülerinnen und Schüler haben im vorangegangenen Lernschritt erkannt, dass Nachtigall ein Repräsentant seiner Zeit ist, der dem zeitgenössischen Leser vertraut erscheint und auch durch die detaillierte Beschreibung sehr real wirkt. Nun sollen sie herausfinden, dass der Maskenverleiher Gibiser hingegen den Grenzbereich zu einer fantastischen Welt markiert. Sowohl seine Person als auch sein Ladengeschäft erscheinen unwirklich. Zweifach wird betont, dass Gibiser „wie auf dem Theater" (S. 37, Z. 21 und S. 41, Z. 3 f.) aussieht und spricht. Ein seltsames Gebaren legt er sowohl in seiner Rolle als Geschäftsmann, der seine Ware ohne Pfand oder Bezahlung herausgibt, als auch in seiner Rolle als Vater, der seine Tochter als wahnsinnig und durchtrieben bezeichnet, an den Tag. Auch sein Lagerraum erscheint (alp-)traumhaft (S. 37, Z. 25 – S. 38, Z. 32). Durch das Spiel von Licht und Dunkelheit sowie durch die aufgereiht hängenden Kostüme assoziiert Fridolin „eine Allee von Gehängten [...], die im Begriffe wären, sich gegenseitig zum Tanz aufzufordern" (S. 37, Z. 37 – S. 38, Z. 1). Dieses Motiv des Totentanzes, das seit dem ausgehenden Mittelalter die Macht des Todes über die Vergänglichkeit des Lebens symbolisiert (wie z. B. auf der Darstellung von Paulus Fürst (**Arbeitsblatt 8**, S. 48)), deutet auf die wilden und gefährlichen Tänze des folgenden Balls voraus (s. Baustein 4). Mit dem Besorgen eines Kostüms hat Fridolin endgültig die Grenze in eine traumhafte, geheimnisvolle Welt überschritten. Räumlich befindet er sich hingegen noch in der Nähe seines Zuhauses und damit in seiner bürgerlichen Welt. Mit dem Einstieg in die Kutsche, die ihn aus den Grenzen der inneren Stadt hinaus in den XVI. Bezirk führen wird, verlässt er seinen Alltag auch räumlich. Anhand des **Zusatzmaterials 1** (S. 108) lässt sich dieser Weg Fridolins durch Wien auf einem Stadtplan nachverfolgen.

▪ *Nennen Sie Ihre Eindrücke von der Figur des Maskenverleihers Gibiser (S. 37, Z. 4 – S. 41, Z. 13).*

▪ *Schreiben Sie eine Charakterisierung über Gibiser. Arbeiten Sie dabei besonders sein Verhalten als Geschäftsmann gegenüber Fridolin und sein Verhalten als Vater gegenüber seiner Tochter heraus.*

▪ *Zeichnen Sie eine Handskizze des Magazins (S. 37, Z. 25 – S. 38, Z. 32).*

▪ *Beschreiben und deuten Sie das Bild „Totentanz" (Arbeitsblatt 8) von Paulus Fürst und setzen Sie es in Beziehung zu der Beschreibung des Magazins des Kostümverleihers Gibiser.*

▪ *Deuten Sie zusammenfassend die Funktion des Besuchs beim Maskenverleiher Gibiser für die Gesamthandlung.*

Der Maskenverleiher Gibiser (S. 37–41)

als Geschäftsmann:

● öffnet sein Geschäft für Fridolin auch in der Nacht

● ist nicht interessiert an Geld

● ist nicht interessiert an Rückgabe des verliehenen Kostüms

als Vater:

● bezeichnet seine Tochter als verrückt

● verweist in der Nacht die Liebhaber der Tochter des Hauses, akzeptiert ihre Anwesenheit jedoch am nächsten Tag

● kümmert sich nicht weiter um das Wohl seiner Tochter

} sein Verhalten entspricht weder den Erwartungen an einen Geschäftsmann noch denen an einen Vater

➡ wie eine Theaterfigur inmitten von Kostümen, die an einen Totentanz erinnern
➡ Maskenverleih als Grenzbezirk zwischen Wirklichkeit und Fantasiewelt

---

Zum Schluss dieses Unterrichtsbausteins wird abschließend die Bedeutung der Figuren Marianne, Mizzi, Nachtigall, Gibiser und Pierrette als Stationen auf Fridolins Weg in die geheimnisvolle Villa festgehalten. Alle fünf sind typische Repräsentanten gesellschaftlicher Gruppierungen ihrer Zeit, ebenso wie etwa auch die Gruppe der Couleurstudenten, die hier als Nebenfiguren noch ergänzt werden könnte.

▪ *Stellen Sie die Figuren, die Fridolin auf seinem Weg in die geheimnisvolle Villa begegnen, einander vergleichend gegenüber. Benennen Sie dabei die Funktion der einzelnen Figuren für den Protagonisten beziehungsweise den Handlungsverlauf. Stellen Sie auch heraus, inwiefern die Figuren typische Gesellschaftsstrukturen repräsentieren.*

Begegnungen auf dem Weg in die geheimnisvolle Villa

Marianne	Mizzi	Nachtigall	Gibiser	Pierrette
→ typische Vertreterin eines Lebens ohne eigene Bedürfnisbefriedigung; → verdeutlicht Rationalität der Ehepartnerwahl und spiegelt Fridolins Attraktivität als Mann	→ typische Vertreterin der käuflichen Liebe/Prostitution; → verdeutlicht Normalität der rein sexuellen Bedürfnisbefriedigung der Männer bestimmter Gesellschaftsschichten	→ typischer Vertreter des Dilettantismus; → eröffnet Fridolin konkrete Möglichkeit zum Ausleben sexueller Wünsche	→ seltsame, unwirkliche Gestalt; → bereitet auf die traumartige Welt der Villa vor	→ zeigt enthemmten, unbefangenen Umgang mit Sexualität; → Motiv der Maskierung weist auf Ereignisse des Balls voraus

Als Abschluss dieses Unterrichtsbausteins und zugleich als Vorbereitung auf die Auseinandersetzung mit einer Verfilmung der Novelle präzisieren die Schülerinnen und Schüler ihre Vorstellungen von den genannten Figuren, indem sie ein fiktives Anforderungsprofil für ein Rollencasting verfassen.

■ *Stellen Sie sich vor, Sie wollten die „Traumnovelle" verfilmen und möchten Schauspielerinnen und Schauspieler für die Rollen „Marianne", „Mizzi", „Pierrette", „Nachtigall" und „Gibiser" casten. Verfassen Sie möglichst genaue Anforderungsprofile, in denen Sie Aussehen, Auftreten/Gestik und Kostümierung festlegen.*

Notizen

_____

_____

_____

_____

_____

_____

_____

_____

_____

Begegnung mit drei Frauen im Vergleich

	Marianne	Mizzi	Pierrette
Herkunft des Namens			
Alter			
Aussehen			
Geruch			
allgemeiner Gesundheitszustand			

■ *Vergleichen Sie Marianne, Mizzi und Pierrette unter den genannten Gesichtspunkten miteinander.*

Begegnung mit drei Frauen im Vergleich

(Lösungsvorschlag)

	Marianne	Mizzi	Pierrette
Herkunft des Namens	Eigenname	typischer „Kosename" für eine Prostituierte	kein Eigenname, Bezeichnung nach dem Kostüm, das sie trägt
Alter	„noch jung"; im heiratsfähigen Alter	„noch ganz junges Geschöpf"	„ganz junges Mädchen, fast noch ein Kind"
Aussehen	blondes, trockenes Haar, schlanker, doch faltiger Hals, schmale Lippen	zierlich, blass, natürlich rote Lippen	kleines, schmales Gesicht, blass geschminkt, schelmische, leuchtende Augen
Geruch	süßlich fade	(im Zimmer:) „roch es […] viel angenehmer als […] in Mariannes Behausung"	Duft von Rosen und Puder
allgemeiner Gesundheitszustand	ermüdet durch lange Krankenpflege und harte Arbeit	trägt eine ansteckende Krankheit in sich	Vater bezeichnet sie als geisteskrank („wahnsinnig", „verworfenes Geschöpf")

■ *Vergleichen Sie Marianne, Mizzi und Pierrette unter den genannten Gesichtspunkten miteinander.*

Dilettantismus

Begriffsgeschichte

[...] Das Wort ist aus dem italienischen Verb „dilett-are" abgeleitet, das wiederum aus dem Lateinischen „delectare" kommt, und bedeutet so viel wie „ergöt-zen", „amüsieren". Während die Bezeichnungen Di-
5 lettant und Dilettantismus heute in allen europä-ischen Sprachen negativ konnotiert werden, zeigt die Begriffsgeschichte, dass unter komponierenden itali-enischen Adligen des 16. bis 18. Jahrhunderts der Ausdruck Dilettant als Auszeichnung galt. Sowohl in
10 der Musik als auch in der Kunstkritik waren die Ur-teile der vornehmen Dilettanten die maßgebliche Instanz. Eben ihre Rolle als gebildete Aristokraten verlieh ihnen eine offene Position außerhalb der In-stitutionen. [...]

Dilettantismus des Fin de Siècle

Als der zweite Höhepunkt der Beschäftigung mit dem Konzept des Dilettantismus in den frühen 90er-Jah-ren des 19. Jahrhunderts einsetzte, durchlief der Be-griff einen Bedeutungswandel und eine Bedeutungs-
5 erweiterung, indem er eine Verbindung mit den verwandten Zeitbegriffen Dandyismus, Dekadenz und Ästhetizismus einging. Dadurch wird eine defi-nitorische Abgrenzung problematisch, eben weil die Begriffe und ihre inhaltlichen Komponenten inein-
10 ander übergehen. Hinzu kommt, dass unterschied-liche Verständnisweisen und auch unterschiedliche Interpretationsmöglichkeiten im Hinblick auf das Konzept Dilettantismus nebeneinander existierten. [...]
15 Der Dilettant ist demnach ein sinnreicher und intel-lektueller Skeptiker, der sowohl sich selbst als auch das Leben analysiert, ohne Stellung zu nehmen; ein Verwandlungskünstler, der mit unterschiedlichen Rollen experimentiert; ein Kosmopolit, ohne einen
20 sogenannten Halt im Leben; eine willensschwache Seele, die unfähig zur Handlung und ohne Tatkraft ist. Gleichzeitig verspürt er Sehnsucht nach einer mystischen Einheit, nach einem undefinierbaren Welt-All. [...] Die Unverbundenheit und Haltlosig-
25 keit werfen moralische Fragen auf, die auch von den-jenigen wahrgenommen wurden, die sich von die-sem Zeitphänomen angezogen fühlten. Der Begriff hat schon von Anfang an die Reaktion in sich getra-gen: Bezeichnend ist, dass die Dilettanten sich nicht
30 lange in der „kühlen Zone der dilettantischen Stand-punktlosigkeit aufzuhalten vermochten" [...]. Die meisten Repräsentanten der Wiener Moderne fanden bereits nach einigen Jahren meist im Katholizismus Geborgenheit, wie Andrian auch Hofmannsthal, Her-
35 mann Bahr und Richard von Schaukal. Analog dazu ist Beer-Hofmanns Wendung zum Zionismus anzuse-hen.

Catherine Theodorsen: Zur Rolle des Dilettantismus im Prozess der Ausdifferenzie-rung einer österreichischen Literatur aus der deutschen Literatur.
http://www.hum.uit.no/nordlit/9/3theodorsen.html

■ *Fassen Sie mit eigenen Worten zusammen, wodurch in der Zeit des Fin de siècle ein „Dilettant"*
gekennzeichnet ist.

■ *Überprüfen Sie, inwieweit die Figur Nachtigall in der „Traumnovelle" als Dilettant bezeichnet*
werden kann.

■ *Vergleichen Sie die beruflichen Wege und die Lebenshaltung der Figuren Nachtigall und Fri-*
dolin sowie des Schriftstellers Arthur Schnitzler miteinander.

Totentanz

Totentanz. Kupferstich von Paulus Fürst.
Mitte des 17. Jahrhunderts

Totentanz. Kupferstich von Paulus Fürst. Mitte 17. Jh.

Beschreiben und deuten Sie das Bild „Totentanz" von Paulus Fürst und setzen Sie es in Beziehung zu der Beschreibung des Magazins des Kostümverleihers Gibiser.

Die geheimnisvolle Gesellschaft

Die Schilderung von Fridolins Teilnahme an der Zusammenkunft einer seltsamen Geheimgesellschaft, die sich des Nachts in einer Villa am Stadtrand trifft, bildet – neben Albertines Traum (s. Baustein 5) – einen der Höhepunkte der Novelle. Es bietet sich an, diese längere Textpassage des Kapitels IV (S. 41, Z. 35 – S. 57, Z. 2) in drei Abschnitte (Anreise – Ball – Rückkehr) einzuteilen und sie schrittweise im Unterricht zu erarbeiten, wobei grundlegende Methoden der Erzähltextanalyse eingeübt und vertieft werden. Für die Schülerinnen und Schüler kann es hierbei hilfreich sein, eine Übersicht über wichtige Begriffe zur Beschreibung der Erzähltechnik an die Hand zu bekommen, wie sie das **Zusatzmaterial 1** (S. 108) bereitstellt.

4.1 Die Anreise zur Villa

Die Beschreibung der Anreise zur Villa ist vor allem unter dem Gesichtspunkt der Raumgestaltung interessant. Fridolin verlässt mehr und mehr seine gewohnte Realität, in der ihm Straßennamen („Alserstraße", S. 41, Z. 35) und Stadtviertel (Villenviertel Galitzinberg, S. 42, Z. 17) Orientierung bieten, und taucht in eine eigene, geheimnisvolle Welt ein, in der er sich nur noch scheinbar zurechtfindet, wie einschränkende Formulierungen zeigen: Fridolin „glaubte […] sich zurechtzufinden" (S. 42, Z. 15), er hatte das Viertel „vor Jahren" (S. 42, Z. 16) „manchmal" (S. 42, Z. 16) auf Spaziergängen besucht und vermutet, es „musste" der Galitzinberg sein. Die Stadt liegt nun „in der Tiefe" (S. 42, Z. 18) und wird metaphorisch als in Dunst verschwimmend und von tausend Lichtern flimmernd beschrieben, so wie Fridolins Anbindung an sein alltägliches, bürgerliches Leben und seine Ehe zunehmend zu verschwimmen beginnen. Auch hier zeigt sich wieder die Korrespondenz von sprachlicher Gestaltung und Inhalt: Von der traumhaften Welt kann nur in Bildern gesprochen werden. Auffällig sind die Beschreibungen des Hinauf- und Hinunterfahrens der Kutsche während der Anreise: Zunächst geht die Fahrt hinauf auf den Galitzinberg, in der Tiefe liegt die Stadt, und die Villa selbst liegt „wie in einer Schlucht", sodass die Stadt von hier aus völlig aus dem Sichtfeld entrückt ist. In Anbindung an die Lehren Sigmund Freuds kann diese Fahrt symbolisch für Fridolins Weg in sein Unbewusstes, seine verborgenen Triebwelten gedeutet werden. Die gegenseitige Abhängigkeit einer offensichtlichen Alltagsrealität und einer verdeckten, unterdrückten Traumebene sind bereits in der Auseinandersetzung mit dem ersten Kapitel der Novelle herausgestellt worden (s. Baustein 2.3).

Das Anlegen seiner Maske vor dem Betreten der Villa erinnert Fridolin an das Anziehen seines Arztkittels. Als ihm sein Doppelleben bewusst wird, empfindet er die Erinnerung an seinen Alltag „wie […] etwas Erlösendes" (S. 42, Z. 29 f.). An dieser Stelle wechselt die Erzählform von der erlebten Rede zum inneren Monolog. Als der Wagen hält, spiegeln sich Fridolins Skrupel in einer Reihung von Fragen wider. Gedanklich verfolgt er seinen Weg an jenem Abend zurück und fragt sich, zu welcher der Frauen, mit denen er zusammen war, er gerne zurückkehren würde, wenn er nicht ausstiege. Sein letzter Gedanke gilt dabei seinem Zuhause und Albertine. Fridolin erkennt, dass er keinerlei Sehnsucht dorthin verspürt und unbedingt seinen Weg in die geheimnisvolle Gesellschaft fortsetzen muss. Dabei ist von der noch zuvor empfundenen Erleichterung durch den Gedanken an den wiederkehrenden Alltag nichts mehr zu spüren. Vielmehr fühlt Fridolin etwas wie eine innere Verpflichtung, seinen Weg fortzusetzen. Das Motiv des Todes, das zuvor schon durch die Bezeichnung des schwarzen Fiakers als „Trauerkutsche" (S. 43, Z. 8, vgl. auch S. 42, Z. 22) vorhanden war, setzt sich hier konkret fort in Fridolins Gedanken: „Weiter mein Weg, und wär´s mein Tod." (S. 43, Z. 5 f.). Der letzte Satz dieses Textauszugs wechselt wieder zurück in die direkte Rede. Fridolins Gefühlslage findet schließlich Ausdruck in einem Lachen, das jedoch keineswegs ein Ausdruck von Heiterkeit, sondern eher tiefer Unsicherheit ist.

Die Schülerinnen und Schüler können an diesem Textausschnitt Methoden der Erzähltextanalyse einüben. Der Einsatz des **Arbeitsblattes 9**, S. 55, ist dabei besonders geeignet für Lerngruppen, die in dieser Arbeit noch nicht erfahren oder noch unsicher sind. Es leitet die Schülerinnen und Schüler schrittweise an, wesentliche Elemente zur Analyse dieses kurzen Textauszugs (S. 42, Z. 14 bis S. 43, Z. 7) zu erarbeiten. Den Aufbau und die zu berücksichtigenden Gesichtspunkte eines Analyseaufsatzes stellt das **Zusatzmaterial 2**, S. 109, für die Hand der Schülerinnen und Schüler komprimiert zusammen.

■ *Analysieren Sie den Textauszug (S. 42, Z. 14 bis S. 43, Z. 7).*
Die folgenden Vorarbeiten (Arbeitsblatt 9) helfen Ihnen dabei.

■ *Verfassen Sie nun einen zusammenhängenden Analyseaufsatz.*
(Hilfen zur Strukturierung erhalten Sie im Zusatzmaterial 3).

4.2 Die Geheimgesellschaft

Die Episode in der Villa ist geprägt von einer sonderbaren Atmosphäre im unklaren Bereich zwischen Traum und Wirklichkeit. Die ersten Eindrücke (**Arbeitsblatt 10**, S. 56) nach Fridolins Eintreten in die geheime Gesellschaft zeigen einen Raum mit vielfältigen religiösen Motiven. Die Teilnehmer sind gekleidet wie Nonnen und Mönche, der hohe Raum erinnert an eine Kathedrale, das Harmonium spielt „eine italienische Kirchenmelodie" (S. 43, Z. 33 f.) und der fremdartige, schwüle Wohlgeruch erinnerte an Weihrauch, würde Fridolin ihn nicht mit „südländischen Gärten" (S. 44, Z. 6 f.) assoziieren. Es scheint sich auf den ersten Blick um einen Raum zu handeln, in dem die Sexualität keinen Platz hat.

Ganz im Sinne der zeitgenössischen philosophischen Richtung des Empiriokritizismus (**Arbeitsblatt 11**, S. 58) beschreibt Schnitzler die Situation anhand detaillierter Sinneswahrnehmungen („Erfahrungsgegebenheiten"), die nicht zu einer eindeutigen Interpretation der Zusammenkunft führen, sondern ohne Auflösung stehen bleiben. Jedoch ist dem Leser durch Nachtigalls Ankündigung des Geschehens und die mehr als eindeutige Eingangsparole „Dänemark" von vornherein klar, dass es sich um das genaue Gegenteil einer sexualfeindlichen Szenerie handelt. Plötzlich wandelt sich die Atmosphäre, es öffnen sich blendend helle Nachbarräume, die Musik schlägt um ins Schrille, die Frauen sind auf einmal unbekleidet und die Männer in Kavaliersuniformen. Eine wilde Orgie beginnt, in der Fridolin – entgegen seiner Faszination und Begierde – keinen Platz findet („Es gibt hier keine Gemächer, wie du sie dir träumst." (S. 47, Z. 21 f.)). Fridolin bleibt nur die voyeuristische Wolllust, bis er gezwungen wird, den Ball vorzeitig zu verlassen.

■ *Tragen Sie Fridolins sinnliche Eindrücke nach seiner Ankunft in der geheimen Gesellschaft zusammen und deuten Sie sie (Arbeitsblatt 10).*

■ *Der Philosoph und Wissenschaftstheoretiker Ernst Mach – ein Zeitgenosse Arthur Schnitzlers – zählt zu den Vertretern des sogenannten „Empiriokritizismus". Erschließen Sie die Grundannahmen dieser Denkrichtung anhand des Arbeitsblattes 11 und legen Sie dar, inwiefern Schnitzler sich dieser Philosophie verpflichtet fühlte.*

Das Schauen wird Fridolins Voyeurismus entsprechend zu einem zentralen Motiv (nicht nur) dieser Textpassage: Nachtigall sind die Augen verbunden und Fridolin nimmt stechende Blicke aus dunklen Augen wahr, er empfindet die unsägliche Lust des Schauens und wird scharf ins Auge gefasst. Die Blicke gewinnen umso mehr an Bedeutung, da die Mitglieder der geheimen Gesellschaft zunächst durch das Stilmittel des *pars pro toto* auf ihre Maskierung reduziert werden („Masken […] schritten auf und ab" S. 42, Z. 30f.), die lediglich jene vielsagenden Blicke erkennen lassen. Als Fridolin später gezwungen wird, seine eigene Maske abzunehmen und damit seinen geschützten Blick aufzugeben, fühlt er sich im wahrsten Wortsinn „entlarvt".

■ *Tragen Sie aus der gesamten Episode in der Villa (S. 41, Z. 35 – S. 57, Z. 2) Textstellen zusammen, in denen die Augen/Blicke eine besondere Bedeutung haben. Deuten Sie dieses Motiv der Textpassage.*

■ *Wie verändert sich das Schauen durch das Tragen von Masken?*

■ *Lesen Sie noch einmal Fridolins und Albertines Geständnisse im Zusammenhang mit ihrem Urlaub in Dänemark (Albertine: S. 9ff., Fridolin: S. 11ff., siehe Baustein 2.2). Stellen Sie einen Zusammenhang mit der Bedeutung der Blicke auf dem Maskenball her.*

■ *Fassen Sie Ihre Ergebnisse unter der Überschrift „Die Bedeutung der Blicke in Schnitzlers ‚Traumnovelle'" zusammen.*

Bedeutung der Blicke

● intensive Aussagekraft der Blicke

● Fridolin empfindet „Lust des Schauens" (S. 45, Z. 24) = Voyeur

● Masken schützen Identität des Schauenden, lassen seinen Blick aber umso intensiver erkennen

● Kennzeichnung von Figuren und Stimmungen durch Beschreibung der Blicke, z. B.:
  – dunkle Augen der Frau auf dem Maskenball vs. helle Augen Albertines
  – lockender Blick des Mädchens am dänischen Strand vs. bedrohlicher Blick der Maskierten

---

Die Stimmung in der geheimnisvollen Villa spiegelt den Widerstreit zwischen bürgerlicher Moral und erotischer Begierde wider und ist damit ein Abbild der Doppelmoral der Gesellschaft. In der ersten Phase des Balls sind Licht, Musik und Stimmung gedämpft, die Menschen sind in ihren Kutten so sittlich wie nur möglich gekleidet. Doch alsbald verschaffen sich in dieser nach außen hin untadeligen Gesellschaft, die sich darüber hinaus in einem angesehenen Villenviertel trifft, die verborgenen sexuellen Träume Ausdruck, die auch Fridolins Nerv treffen: Die Männer sind Kavaliere, die Frauen sind durch ihre Nacktheit schutzlos und durch ihre Masken gleichermaßen geheimnisvoll wie identitätslos. Etikette und Zeremoniell des walzerseligen Wien werden hier konterkariert. Später deutet Fridolin die Teilnehmer seinem Rollen- und Gesellschaftsbild entsprechend: Die Männer sind in seinem Verständnis „Aristokraten, vielleicht gar Herren vom Hof? Er dachte an gewisse Erzherzöge, denen man dergleichen Scherze schon zutrauen konnte. Und die Damen? Vermutlich … aus Freudenhäusern zusammengetrieben. Nun, das war keineswegs sicher. Jedenfalls ausgesuchte Ware." (S. 71, Z. 9ff.) Lediglich in der unbekannten Schönen, die sich für Fridolin geopfert hat, vermutet dieser nicht weniger als eine Baronin (vgl. S. 81ff.).

■ *Beschreiben Sie das Rollenverhältnis von Männern und Frauen auf dem Maskenball.*

■ *Vergleichen Sie die „Verhaltensregeln" der Geheimgesellschaft mit denen der bürgerlichen Gesellschaft.*

Die geheime Gesellschaft

Zusammenkunft von ——— wird zur ———▶ Orgie maskierter, unbekleideter Frauen
Mönchen und Nonnen   und Männer in Kavalierstracht

➡ Abbild der Doppelmoral der Gesellschaft
➡ kein Raum, in dem Fridolin seine Träume leben kann

4.3 Die Rückkehr in die gewohnte Realität

Fridolin erwägt drei Gründe, warum er die Geheimgesellschaft nicht einfach verlässt: Erstens fürchtet er um seine Ehre und sein Ansehen bei einem Rückzug, zweitens spürt er Verlangen nach der schönen Unbekannten und drittens vermutet er hinter den Ereignissen eine inszenierte Mutprobe, die es zu bestehen gilt. In diesem Glauben bleibt er bis zum Schluss und glaubt auch auf der Rückfahrt in der Kutsche noch, dass sich alles auflösen wird. Diese Einschätzung zeigt gewisse egozentrische Züge Fridolins, der schließlich Nachtigall von sich aus bedrängt hat, mit zu dem Ball gehen zu dürfen, was absolut dagegen spricht, dass die Ereignisse auf ihn hin inszeniert sind.

■ *Arbeiten Sie heraus, welche Gründe und Erklärungen Fridolin für die Zusammenkunft in der Villa erwägt.*

■ *Bewerten Sie die Wahrscheinlichkeit dieser Erklärungsversuche.*

Fridolins Deutungsversuche für den geheimen Maskenball

● für ihn inszenierte Mutprobe (S. 48, Z. 40 f.; S. 73, Z. 7 f.)
● „infamer Spaß" (S. 53, Z. 15), „Komödie" (S. 53, Z. 37, auch S. 51, Z. 30)
● Orgie adeliger Herren mit Edelprostituierten (S. 71, Z. 9 ff.)

Fridolin entschließt sich, die Gesellschaft ehrenhaft zu verlassen und sein Eindringen selbst aufzudecken („wie mit einem edlen Akkord" (S. 49, Z. 12)). Diesem Plan kommen jedoch die Maskierten zuvor, sodass Fridolin des Festes verwiesen und in einer verdunkelten, verschlossenen Kutsche gen Stadt zurückgebracht wird. Dieser Rückweg wird ausführlich in einer längeren Textpassage beschrieben (S. 52–57). Sie lässt sich in zwei Abschnitte gliedern: die Kutschfahrt und den Fußweg. Fridolin wird zunächst in einer verschlossenen Kutsche mit unbekanntem Ziel von der Villa weggefahren. Seine aufsteigende Panik, als er die Umstände seiner Lage bemerkt, wird erzähltechnisch durch eine deutlich merkliche Steigerung des Erzähltempos illustriert. In Form der erlebten Rede werden eine Reihe von Fragen assoziativ aneinandergefügt, in denen sich Fridolins Unsicherheit zeigt sowie seine Versuche zu verstehen, was ihm soeben widerfahren ist und widerfährt. Der Satzbau ist hier teils elliptisch, und in parataktischer Weise werden atemlos Fridolins verzweifelte Versuche beschrieben, der Kutsche zu entkommen. Erst nachdem der Wagen plötzlich angehalten hat und Fridolin frei ist, verlangsamt sich das Erzähltempo zögerlich wieder.

> ▧ *Lesen Sie die Textpassage, in der die Kutschfahrt von der Villa in die Stadt beschrieben wird (S. 53, Z. 34 – S. 54, Z. 24), laut vor. Halten Sie Ihre Eindrücke von der Stimmung stichwortartig fest.*

> ▧ *Analysieren Sie die Textpassage und stellen Sie heraus, wie Fridolin sich fühlt und auf welche Weise diese Befindlichkeit erzähltechnisch umgesetzt ist.*

Die Rückfahrt in einer verschlossenen Kutsche mit unbekanntem Ziel

- Fridolin empfindet: Verunsicherung, Angst, aufsteigende Panik
- sprachliche Gestaltung: Erhöhung des Erzähltempos durch erlebte Rede, assoziative Reihung von Fragen, Ellipsen, parataktischen Satzbau

➡ **Korrespondenz von Inhalt und Form:** Erzählerische Gestaltung spiegelt Fridolins innere Verfassung wider

---

Der folgende Teil des Textausschnitts (S. 54, Z. 25 – S. 57, Z. 2) beschreibt den Rest des Weges, den Fridolin zu Fuß zurücklegen muss. Dieser Abschnitt ist durch eine auffällig symbolische Raumgestaltung geprägt, in deren Zentrum die Motive Licht und Weite stehen. Von einem schmalen, fast unbeleuchteten Gässchen führt Fridolins Weg zunächst zu einer breiteren Gasse, dann zu einer vorortlichen Landstraße, und schließlich erkennt Fridolin einen ihm bekannten Straßennamen, der ihm Orientierung erlaubt und ihn erkennen lässt, dass er nicht weit von seinem Haus entfernt ist. Auch die Beschreibung der Lichtverhältnisse illustriert Fridolins Annäherung an seine gewohnte Realität und die immer größer werdende Entfernung von den „dunklen", geheimnisvollen Vorgängen in der Villa: Zunächst gibt nur die Reflexion des Schnees ein wenig Licht, dann werden trübflackernde Laternen und das fast unbeleuchtete Gässchen beschrieben, bis schließlich der Lichtstrahl einer Laterne Orientierung bietet. Die Beschreibung der Fridolin entgegenkommenden Menschen weist ein korrelierendes Muster auf: Zunächst begegnet er einer unkenntlichen, unheimlichen Gestalt, der Fridolin in seiner Aufmachung umgekehrt ebenfalls Angst einjagt, dann trifft er auf einen ländlich gekleideten Menschen, der Fridolin grüßt. Als weiteres unterstützendes Element ist der Schlag der Turmuhr zu erwähnen, der neben der räumlichen nun auch eine zeitliche Orientierung erlaubt.

> ▧ *Analysieren Sie die Gestaltung des Handlungsraums in der Textpassage S. 54, Z. 25 bis S. 55, Z. 16 und zeigen Sie dabei auf, wie die Beschreibungen Fridolins zunehmende Rückkehr in seine gewohnte Realität illustrieren.*

> ▧ *Legen Sie eine beschriftete Skizze an oder malen Sie ein Bild, das Fridolins Rückweg von der Villa in die Stadt zeigt. Verarbeiten Sie dabei Ihre Erkenntnisse aus der Analyse des Handlungsraums.*

Fridolins Rückweg von der Villa in die Stadt

Villa

zunehmende Orientierung:

- Licht wird heller
  - Gassen/Straßen werden breiter
    - Uhrzeit wird angezeigt
      - Straßennamen sind erkennbar
        - auch Begegnungen werden weniger unheimlich/unge-wöhnlich

➡ **Verlassen der traumhaften Wirklichkeit hin zur Alltagsrealität**

Stadt

Fridolins Besuch in der geheimnisvollen Villa lässt sich, unter Berücksichtigung der genann-ten räumlichen und atmosphärischen Hinweise auch des Hin- und Rückweges, tiefenpsy-chologisch deuten: Er verlässt die Welt seines Alltags hinein in eine geheimnisvolle Außen-welt, in der seine verborgenen Wünsche Ausdruck finden. Fridolin findet jedoch auch hier keine Erfüllung, sodass er nicht verweilen kann, sondern gezwungen ist, den Rückweg an-zutreten. Die vertraute Umgebung bietet ihm, ebenso wie seine Gedanken an seinen Arbeits-alltag, Sicherheit und Orientierung. Fridolins Welt ist sein Leben als Arzt und als Ehemann von Albertine. Der Ausflug in die geheimnisvolle Welt sexueller Zügellosigkeit bleibt eine verlockende, aber letztlich unbefriedigende Episode.

Deuten Sie Fridolins Ausflug in die geheimnisvolle Villa psychologisch: Was sagen sein Verhalten und seine Empfindungen über sein Inneres aus?

Hat Fridolin bei seinem Besuch in der Villa gefunden, was er gesucht hat? Begrün-den Sie Ihre Meinung.

Notizen

_____

_____

_____

_____

_____

_____

_____

Fridolins Anreise zur Villa

*Analysieren Sie den Textauszug (S. 42, Z. 14 bis S. 43, Z. 7).
Die folgenden Vorarbeiten helfen Ihnen dabei:*

1. Untersuchen Sie die **Raumgestaltung**:

   a) Fertigen Sie eine kleine Skizze an, aus der die Lage der Villa hervorgeht.

   b) Untersuchen Sie, mit welchen sprachlichen Mitteln die Lage der Villa und der Stadt beschrieben werden.

   c) Deuten Sie Ihre Ergebnisse.

2. Untersuchen Sie das Verhältnis von **äußerer Handlung** und **innerer Handlung**:

   a) Stellen Sie die äußeren Ereignisse und das innere Erleben Fridolins einander gegenüber.

   b) Prüfen Sie das Verhältnis von äußerer und innerer Handlung.

   c) Deuten Sie Ihre Ergebnisse.

3. Untersuchen Sie die **Erzählform**:

   a) Beschreiben Sie detailliert die Erzählform des Textauszugs.

   b) Erklären Sie die Wechsel in der Erzählform.

   c) Deuten Sie Ihre Ergebnisse.

4. Untersuchen Sie das **Motiv „Tod"**.

   a) Stellen Sie die Textstellen zusammen, in denen das Motiv direkt oder indirekt genannt wird.

   b) Informieren Sie sich über die Motive „Eros" und „Thanatos" (Zusatzmaterial 5).

   c) Deuten Sie die Verwendung des Motivs „Tod" im Textzusammenhang.

*Verfassen Sie nun einen zusammenhängenden Analyseaufsatz.
(Hilfen zur Strukturierung erhalten Sie auf dem Zusatzmaterial 3.)*

Die geheime Gesellschaft

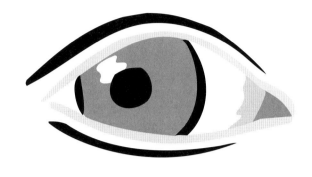

Fridolins erste Eindrücke
von der
geheimen Gesellschaft
(S. 43, Z. 25 ff. – S. 44, Z. 26)

Stimmung:

Deutungen des Geschehens:

a) durch Fridolin:

b) eigene Deutung:

Wandel der Atmosphäre:

Die geheime Gesellschaft (Lösungsvorschlag)

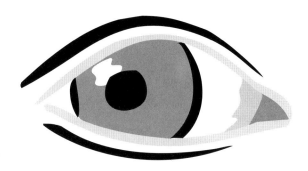

- *dämmeriger, hoher, mit schwarzer Seide verkleideter Saal*
- *16–20 maskierte, als Nonnen und Mönche verkleidete Menschen*
- *stechende Blicke aus den Augen hinter den Masken*

- *sanfte, anschwellende italienische Kirchenmusik aus einem Harmonium*

Fridolins erste Eindrücke von der geheimen Gesellschaft
(S. 43, Z. 25 ff. – S. 44, Z. 26)

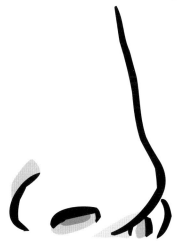

- *fremdartiger, schwüler Wohlgeruch*

- *Mönche und Nonne streifen seinen Arm*

Stimmung: *ernst, unheimlich*

Deutungen des Geschehens:

a) durch Fridolin: *irrsinnig?*
religiöse Sekte?
Maskenscherz?
b) eigene Deutung: *erinnert an Kirche/Kloster*

späterer Wandel der Atmosphäre: *helles Licht; laute, wilde Musik; Frauen unbekleidet, Männer in Kavaliersuniformen; orgiastisches Treiben*

Ernst Mach und der Empiriokritizismus

Die Mach-Erfahrung: Wer ist „Ich"?

Jahrhunderterfahrungen verstecken sich manchmal in Fußnoten. Zum Beispiel diese. Im Jahr 1855 macht der damals siebzehnjährige angehende Physikstudent Ernst Mach einen Spaziergang in der Umgebung
5 von Wien, bei dem er ein eindringliches Erlebnis hat: „An einem heiteren Sommertage im Freien erschien mir einmal die Welt samt meinem Ich als *eine* zusammenhängende Masse von Empfindungen, nur im Ich stärker zusammenhängend. Obgleich die eigentliche
10 Reflexion sich erst später hinzugesellte, so ist doch dieser Moment für meine ganze Anschauung bestimmend geworden." Es war, was der Student nicht wissen konnte, so etwas wie die Erfahrung des Jahrhunderts – fünfzig Jahre später notiert in einer kleinen
15 Anmerkung seines Buchs *Die Analyse der Empfindungen*.

Ernst Mach wurde im Jahr 1838 (sechs Jahre vor Nietzsche) in Chrlice im damaligen Österreich-Ungarn und heutigen Tschechien geboren. Die Familie
20 zählt zur deutschsprachigen Minderheit. Machs Vater ist Bauer, und da er auch als Hauslehrer arbeitet, unterrichtet er seinen Sohn selbst. Parallel dazu absolviert Mach eine Tischlerlehre. Erst mit 15 kommt er auf ein Gymnasium und machte dort ohne Schwie-
25 rigkeiten sein Abitur. In Wien studiert der hochbegabte Student Mathematik und Naturwissenschaften und promoviert über Elektrizität. Ein Jahr später wird er Professor, wechselt von Graz nach Prag und zuletzt nach Wien. Seine Interessen sind weit gespannt; ei-
30 gentlich interessiert er sich für fast alles. Er unterrichtet Physik und Mathematik, Philosophie und Psychologie. Als Physiker berechnet er die Schallgeschwindigkeit, die später nach ihm benannt wird, weshalb Überschallflugzeuge mit „Mach 2"-Geschwindigkeit
35 fliegen.

In seiner Zeit in Prag und Wien war Mach ein berühmter Mann. Er experimentierte mit Raketenprojektilen und erforschte die Dynamik von Gasen. [...] Mit Machs Theorien schlugen sich Physiker und Phi-
40 losophen herum, der junge Lenin schrieb darüber ein dickes Buch, weil Machs Philosophie unter Russlands Intellektuellen stark in Mode war. Die Sinnespsychologie entstand als eine neue Disziplin, und die amerikanische Verhaltensforschung wurde maßgeblich
45 beeinflusst. Doch so viele Wissenschaften er auch inspiriert hatte, Machs Ruhm verblasste schnell nach seinem Tod im Jahr 1916. Der Erste Weltkrieg erschütterte Europa, und die Physik ging jetzt ganz neue Wege. 1970 erinnerte sich die NASA an den fast ver-
50 gessenen Raketenpionier und benannte einen Mondkrater nach ihm.

Machs philosophische Gedanken waren radikal. Für ihn zählte nur, was sich durch Erfahrung belegen ließ oder was man berechnen konnte. Damit fiel der größ-
55 te Teil aller bisherigen Philosophie durch. Denn indem er alles daraufhin überprüfte, ob es physikalisch richtig war, verabschiedete Mach fast die gesamte Philosophiegeschichte mit einer Vier minus in die Ferien. Besonders heftig ging er gegen Descartes' Du-
60 alismus vor. Denn für Mach war klar: Das Empfindungsleben des Körpers und das Vorstellungsleben des Geistes bestehen aus ein und demselben Stoff. So wie ihm bei seinem Sommertagserlebnis als jungem Mann alles miteinander zusammenhängend erschie-
65 nen war, löste er den Dualismus von Ich und Welt in einem Monismus auf: Alles, was es in der Welt gibt, besteht aus den gleichen Elementen. Treten sie im Gehirn auf, nennt man sie „Empfindungen", aber das macht sie nicht zu etwas allzu Besonderem.

Die besondere Pointe an dieser Empfindungstheorie
70 war der Tod des Ichs. Mehr als zwei Jahrtausende lang hatten die Philosophen vom „Ich" gesprochen, und auch jeder normale Mensch sprach vom „Ich", wenn er sich selbst meinte. Aber Mach protestierte. Er spürte eine große Schwierigkeit, zu sich „Ich" zu sagen.
75 Was sollte dieses Ich denn sein? „Das Ich", meinte er zu erkennen, „ist keine unveränderliche, bestimmte, scharf begrenzte Einheit." Es gab kein Ich im menschlichen Gehirn, es gab nur einen Wust von Empfindungen im regen Austausch mit den Elementen der
80 Außenwelt. Oder wie Mach sich scherzhaft ausdrückte: Die Empfindungen gehen „allein in der Welt spazieren". Und dann schrieb er der Philosophie seinen berühmtesten Satz ins Stammbuch: „Das Ich ist unrettbar. Teils diese Einsicht, teils die Furcht vor
85 derselben führen zu den absonderlichsten pessimistischen und optimistischen, religiösen und philosophischen Verkehrtheiten."

Aus: Richard David Precht: Wer bin ich – und wenn ja wie viele? Eine philosophische Reise. © 2007 Wilhelm Goldmann Verlag, München, in der Verlagsgruppe Random House GmbH

■ *Der Philosoph und Wissenschaftstheoretiker Ernst Mach – ein Zeitgenosse Arthur Schnitzlers – zählt zu den Vertretern des sogenannten „Empiriokritizismus". Erschließen Sie die Grundannahmen dieser Denkrichtung und legen Sie dar, inwiefern Schnitzler sich dieser Philosophie verpflichtet fühlte.*

Träume

5.1 Albertines Traum

Albertines Traum, den sie Fridolin unmittelbar nach dem Aufwachen erzählt, bildet den Höhepunkt der Novelle. Auch wenn Fridolins Erlebnisse auf dem Maskenball ebenso spektakulär erscheinen mögen, kulminieren doch alle Erlebnisse und Motive in Albertines Traum. Der Titel der Novelle und die Tatsache, dass Schnitzler der Schilderung ein eigenes Kapitel darin (Kap. V) widmet, unterstützen die hohe Bedeutung dieser.

Auf die Schülerinnen und Schüler wirkt Albertines Traum vermutlich zunächst rätselhaft und irritierend. In einer schrittweisen Erarbeitung werden sie im folgenden Unterrichtsbaustein an die Interpretation dieser Textpassage herangeführt.

Fridolin trifft seine Frau schlafend an, als er von seinen nächtlichen Erlebnissen gegen vier Uhr am Morgen nach Hause zurückkehrt. Albertine träumt einen intensiven Traum, aus dem Fridolin sie nur mit Mühe wecken kann. Ihre Gesichtszüge wirken fremd und verzerrt und auch nach dem Aufwachen kann ihr Bewusstsein nur schleppend in die Realität zurückkehren. Mehrfach wird die Distanz zwischen Albertines Traumgeschehen und der Wirklichkeit betont („ein Antlitz, das Fridolin nicht kannte" (S. 57, Z. 10), „in einer fremden, fast unheimlichen Weise" (Z. 15 f.), „als erkenne sie ihn nicht" (Z. 18 f.), „Ausdruck der Abwehr, der Furcht, ja des Entsetzens" (Z. 21 f.), „wie aus der Ferne" (Z. 29)). Fridolin und mit ihm der Leser erkennen, noch bevor Albertine überhaupt mit dem Erzählen ihres Traums beginnt, dass es sich um Erlebnisse mit einem brisanten, verstörenden Inhalt gehandelt haben muss.

Fridolin insistiert, und erst als aus seinen Fragen und Bitten eine Aufforderung wird („Deinen Traum!", S. 58, Z. 38), schildert Albertine ihm, was sie geträumt hat. Auch als sie nach der Hälfte ihrer Erzählung innehält, bedarf es einer erneuten Aufforderung Fridolins („So erzähl doch weiter.", S. 61, Z. 33).

Vielsagend ist das Spiel der Arme und Hände während dieser Episode. Albertine liegt in ihrer typischen Schlafstellung mit im Nacken verschränkten Armen (vgl. S. 57, Z. 7 f. sowie auch S. 25, S. 29, S. 92). Diese Haltung legt ihren gesamten Körper schutzlos frei, sie präsentiert sich im Schlaf also von ihrer verletzlichsten Seite. Unter Anwendung von Sigmund Freuds Instanzenmodell (**Arbeitsblatt 12**, S. 70) lässt sich an dieser Gestik ablesen, dass im Traum Albertines kontrollierendes, regulierendes Ich, das sie im Wachen lenkt, geschwächt ist und die sonst versteckten Wünsche und Bedürfnisse des Es zutage treten.

Bevor Albertine zu erzählen beginnt, streckt sie Fridolin eine Hand entgegen, die dieser „gewohnheitsmäßig, mehr zerstreut als zärtlich" (S. 58, Z. 40 f.) hält. Eine parallele Geste findet sich im späteren Verlauf der Novelle, als Fridolin auf seiner Suche nach der schönen Unbekannten die Frauenleiche anschaut, in der er die Gesuchte wiederzuerkennen meint. Auch hier umklammert er die Hand der Toten und spielt mit ihren Fingern (S. 88). Die Hand scheint also eine besondere Rolle für das Verhältnis Fridolins zu einer Frau zu spielen und Symbol seiner Empfindungen zu sein. Nachdem Albertine ihre Traumschilderung beendet hat, verspürt Fridolin Hass und Rachegelüste, die jedoch unvermittelt in Zärtlichkeit umschlagen, als er bemerkt, dass er ihre Hand immer noch in der seinen hält. Die Hand kann hier in ihrer Doppelbedeutung interpretiert werden: Einerseits hat Fridolin einst um Albertines Hand angehalten, das heißt, seine Liebe zu ihr resultiert auch aus der Tatsache, dass sie nicht irgendeine Liebschaft, sondern seine Ehefrau ist. Andererseits hat Fridolin durch die Ehe Albertine in der Hand, das heißt, er als Ehemann ist – dem Rollenverständnis seiner Zeit gemäß – in der Position des Hausvorstands und Patriarchen.

Der unterrichtliche Einstieg in die Beschäftigung mit Albertines Traum kann über eine vorgeschaltete Bildbetrachtung vorgenommen werden. Das Plakat „Der Traum" von Ferdinand Hodler (Textausgabe S. 122) stellt eine junge Frau in einem weißes Kleid dar, die durch ihr langes Haar halb verdeckt ist. In der Hand hält sie ein Blümchen (eine Rose?), gleich denen, die das Bild als Rahmen umgeben. Kontrastiv zu dieser unschuldigen Darstellung des Mädchens, ausgestattet mit den genannten Symbolen der Reinheit und Jungfräulichkeit, ist im unteren Teil des Bildes eine Art Sarg zu sehen, in dem eine nackte Frau liegt. Geleitet durch den Titel des Bildes und unter Berücksichtigung der zeitgenössischen psychologischen Erkenntnisse lässt sich das Werk als Darstellung des Unbewussten im Traum deuten. Mit den Schülerinnen und Schülern kann gemeinsam überlegt werden, welcher Teil des Bildes wohl das Traumgeschehen darstellt. Über diese Frage wird die Auseinandersetzung mit der psychoanalytischen Traumdeutung Freuds und der literarischen Traumschilderung Schnitzlers vorbereitet.

 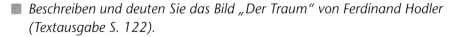

Beschreiben und deuten Sie das Bild „Der Traum" von Ferdinand Hodler (Textausgabe S. 122).

Welcher Teil des Bildes stellt Ihrer Meinung nach das Traumgeschehen dar? Begründen Sie Ihre Meinung.

Die Schülerinnen und Schüler setzen sich nun in der eigentlichen Textarbeit zunächst mit der Rahmenerzählung rund um Albertines Traum auseinander und lernen Freuds Modell von den drei Instanzen in Grundzügen kennen (**Arbeitsblatt 12**, S. 70), bevor sie sich anschließend konkret mit dem Trauminhalt und seinen Motiven beschäftigen.

 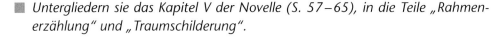

Untergliedern sie das Kapitel V der Novelle (S. 57–65), in die Teile „Rahmenerzählung" und „Traumschilderung".

Arbeiten Sie anhand des Rahmengeschehens heraus, welche Rückschlüsse sich hieraus auf den Inhalt/Charakter des Traums ziehen lassen.

Geben Sie mit eigenen Worten wieder, welche Bedeutung laut Sigmund Freud dem Traum zukommt (Arbeitsblatt 12).

Erläutern Sie Sigmund Freuds Verständnis eines Traumgeschehens am Beispiel von Albertine.

Albertines Erwachen

- Sie scheint in einer fremden Welt gewesen zu sein, fern von Fridolin und ihrem Alltag (→ Freud: Es).
- Sie weigert sich zunächst, den Traum zu erzählen (→ Freud: Kontrolle des Ich).

➡ Fridolin ist verstört von der Erzählung seiner Frau, weil er seine tiefere Bedeutung erkennt.

Arthur Schnitzler selbst stand der Psychoanalyse Freuds nicht unkritisch gegenüber, vielmehr distanzierte er sich von einer allzu frühen Fixierung auf das Unbewusste (**Arbeitsblatt 13**, S. 71). Schnitzler kritisiert die scharfe Trennung zwischen Ich, Über-Ich und Es als künstlich und stellt Freuds Modell seine eigene Theorie von der Existenz eines sogenannten „Mittelbewusstseins" gegenüber. Diese Instanz sei nicht statisch, sondern stehe permanent zur Verfügung; aus dem Mittelbewusstsein, das Schnitzler als „eine Art fluktuierendes Zwischenland zwischen Bewusstem und Unbewusstem" definiert, „steigen die Elemente ununterbrochen ins Bewusste auf oder sinken ins Unbewusste hinab".[1] Das heißt konkret, dass die deutliche Trennung zwischen Traum und Wirklichkeit aufgehoben ist: Albertine träumt einen Traum, der der Wirklichkeit näher ist, als vor allem Fridolin dies wahrhaben will, ebenso wie seine eigenen Erlebnisse auf dem Maskenball in einem Zwischenland von Realität und Fantasiewelt stattgefunden haben.

■ *Fassen Sie Arthur Schnitzlers Kritik an der Psychoanalyse mit eigenen Worten zusammen (Arbeitsblatt 13).*

■ *Definieren Sie den Begriff des „Mittelbewusstseins" nach Arthur Schnitzler.*

Albertines Erzählung ihres Trauminhalts wird zweimal von einem kurzen Gespräch mit Fridolin unterbrochen und gliedert sich so in drei Teile, die drei verschiedene Stationen markieren. Dabei werden zahlreiche Bezüge zur Vorgeschichte einschließlich der zeitlich fast parallel stattfindenden Erlebnisse Fridolins in der Villa wieder aufgenommen. Es ist also offensichtlich, dass Albertine nicht einfach „wirres Zeug" geträumt hat, sondern dass ihr Traum eine Verarbeitung konkreter Erlebnisse darstellt.

Die Schülerinnen und Schüler werden vermutlich zunächst irritiert durch die Schilderungen sein, die darin gipfeln, dass Albertine kaltblütig der Kreuzigung ihres Ehemannes zusieht. Eine Gliederung des Traums und eine systematische Herausarbeitung der Inhalte und Symbole, in denen sich Albertines Empfindungen niederschlagen, dienen der analytischen Annäherung an das Traumgeschehen und geben Hilfen zu seiner Aufschlüsselung. Die Schülerinnen und Schüler stellen ihre Ergebnisse in Form einer Tabelle zusammen. (Ein Lösungsvorschlag findet sich auf dem **Arbeitsblatt 14**, S. 72.)

■ *Gliedern Sie Albertines Traum (S. 57–65) in seine Stationen.*

■ *Untersuchen Sie jede Station nach folgenden Kriterien: Handlungsort, Figuren, wesentliche Trauminhalte, zentrale Symbole, prägendes Gefühl Albertines. Stellen Sie Ihre Ergebnisse wie folgt tabellarisch zusammen (siehe auch Arbeitsblatt 14):*

Albertines Traum

Textstelle	Ort und Zeit	Figuren	wesentliche Trauminhalte	zentrale Symbole	prägendes Gefühl Albertines

■ *Stellen Sie die Bezüge zwischen Albertines Traum und der Vorgeschichte heraus. Unterscheiden Sie dabei zwischen den Parallelen zur Vergangenheit Albertines und Bezügen zu den Erlebnissen Fridolins, die in dieser Nacht etwa zeitgleich stattgefunden haben.*

---

[1] Athur Schnitzler: Über Psychoanalyse. In: Reinhard Urbach (Hrg.): Protokolle 2, 1976, S. 283

Ein Zitat aus der Schlussszene der Novelle markiert den Übergang zur Deutung des Traums. Den Schülerinnen und Schülern wird ein Zitat aus der Schlussszene der Novelle präsentiert: „Und kein Traum [...] ist völlig Traum." (S. 92, Z. 18) Aus diesem Anspruch Fridolins leiten sie den immanenten Arbeitsauftrag an sie als Leser ab, sich intensiver mit dem Traumgeschehen auseinanderzusetzen. Wenn man, wie Schnitzler und Freud, davon ausgeht, dass jedem Traum eine tiefer liegende Bedeutung zukommt, liegt darin auch die Herausforderung, sich mit diesen verschlüsselten Botschaften aus einem verdeckten Bewusstsein näher zu beschäftigen. Dies soll im folgenden Unterrichtsschritt geschehen.

■ *Deuten Sie den Ausspruch Fridolins am Schluss der Novelle: „Und kein Traum [...] ist völlig Traum." (S. 92, Z. 18).*

■ *Stellen Sie erste Hypothesen zur Deutung von Albertines Traum auf.*

5.2 Traumdeutung

Sigmund Freud bezeichnete die Traumdeutung als Königsweg zum Unbewussten. Er geht davon aus, dass sich die unterdrückten Bedürfnisse des Es im Traum Ausdruck verschaffen und nach Wunscherfüllung streben. Mit den Methoden der Traumdeutung gelte es, aus dem verschlüsselten manifesten Trauminhalt den latenten Inhalt zu deuten, das heißt, aus den Bildern und Zusammenhängen des Traums auf die verborgenen Wünsche rückzuschließen.

Zwei Texte, die sich im Anhang der Textausgabe finden (S. 127 ff.), stellen einige Grundannahmen der Traumdeutung dar, die von den Schülerinnen und Schülern zunächst in ihren Grundzügen erarbeitet werden. Ergänzend und vertiefend bietet sich hier auch eine Zusammenarbeit mit dem Fach Erziehungswissenschaft an. Sollten sich einige Schülerinnen und Schüler bereits intensiv mit den Theorien Sigmund Freuds beschäftigt haben, kann dieser Themenkomplex auch durch Referate (Freud: Leben und Werk; Grundannahmen der Psychoanalyse; Traumdeutung) erschlossen werden.

■ *Geben Sie die wesentlichen Hypothesen Sigmund Freuds zur Traumdeutung wieder (Textausgabe S. 127 ff.).*

Grundannahmen der Traumdeutung nach Sigmund Freud:

- Jeder Traum ist ein „sinnvolles psychisches Gebilde [...], welches an angebbarer Stelle in das seelische Treiben des Wachens einzureihen ist."
- Der Sinn jeden Traums ist Wunscherfüllung.
- Um den Sinn eines Traums zu entschlüsseln, muss der latente Trauminhalt aus dem manifesten Trauminhalt herausgedeutet werden.

■ *Erläutern Sie die Bezeichnungen „latenter Trauminhalt" und „manifester Trauminhalt" (Textausgabe, S. 127 ff.).*

■ *Stellen Sie den Zusammenhang von latentem und manifestem Trauminhalt nach Freud dar.*

Zum Zusammenhang von latentem und manifestem Trauminhalt

- Verdichtung: ein einziges Element des manifesten Trauminhalts vertritt eine ganze Anzahl von latenten Trauminhalten
- Verschiebung: ein Element, das im manifesten Trauminhalt als wesentlich erscheint, kann im latenten Traumgedanken nur nebensächlich sein und umgekehrt
- recht unscheinbare Gemeinsamkeiten genügen, um ein Element durch ein anderes zu ersetzen
- die Grundsätze der Logik haben im Traum keine Geltung: jedes Element kann auch sein Gegenteil bedeuten

Zur Vertiefung kann das **Arbeitsblatt 15**, S. 74 herangezogen werden, das die Methoden der Traumarbeit noch detaillierter darlegt und kritisch würdigt. Dabei kann es natürlich nicht Ziel des Deutschunterrichts sein, die Schülerinnen und Schüler zu einer tiefenpsychologisch treffenden Deutung von Träumen anzuleiten, wohl aber, ihnen Einblick in das Prinzip der Traumarbeit zu ermöglichen und somit Ansatzpunkte zur Entschlüsselung von Albertines Traum zu finden. Grundlegend ist hier die Erkenntnis, dass die Motive und Ereignisse des Traums abseits der gewohnten Gewichtungen auf assoziative Weise gedeutet werden. Dabei ist entscheidend, dass jeweils ein Rückbezug zum Träumenden und seiner Biografie hergestellt wird. Mit Skepsis sollten die Schülerinnen und Schüler der zum Teil auch heute noch populären Methode begegnen, einzelnen, isolierten Symbolen eine kontextunabhängige Bedeutung zuzusprechen. Freud selbst hat dieses Vorgehen zwar eingeführt und beschrieben, es später aber selbst wieder relativiert. Eventuell kann eine Internetrecherche zum Stichwort „Traumdeutung" hier offenkundig machen, wie dieses Instrument der Traumdeutung sich verselbstständigt hat. Lange Listen von Symbolen und den ihnen zugeordneten Bedeutungen führen zu mehr als zweifelhaften Interpretationen.

 Erläutern Sie Sigmund Freuds Methoden der Traumarbeit (Arbeitsblatt 15).

 Welche Schwierigkeiten sieht der Autor des Textes, der Pädagoge und Psychologe Arthur Brühlmeier, bei der Anwendung der Methoden Freuds?

 Recherchieren Sie im Internet unter dem Stichwort „Traumdeutung". Beurteilen Sie die Treffer kritisch.

In der Anwendung des grundlegenden Verfahrens einer assoziativen Interpretation von Symbolen wird nun eine Deutung von Albertines Traum versucht. Es wird deutlich, warum es wichtig war, im vorangegangenen Lernschritt die Aufnahme von Motiven zur Vorgeschichte Albertines und ihre Gefühle während des Traumgeschehens so genau herauszuarbeiten (Baustein 5.1), denn nur in der Anbindung an ihre persönliche Vergangenheit und Lebenssituation ist eine Deutung des Traums überhaupt möglich.

Die folgenden Aspekte sollten bei der Deutung von Albertines Traum zur Sprache kommen: In der ersten Station ihres Traums erinnert Albertine sich an einen Zeitpunkt, der noch vor der Eheschließung mit Fridolin liegt. Aus ihrem Geständnis zu Beginn der Novelle weiß der Leser, dass sie einem vorehelichen Geschlechtsverkehr mit Fridolin nicht abgeneigt gegenübergestanden hätte, womit sie jedoch gegen die Konventionen ihrer Zeit verstoßen hätte. Albertine träumt sich an den Anfang ihrer Beziehung mit Fridolin zurück und bemerkt, dass statt ihres Brautkleides viele andere opulente Kostüme in ihrem Schrank hängen. Symbolisch tritt hier an die Stelle der Eheschließung mit Fridolin das Spiel mit unausgelebten Möglichkeiten, die ihr als verheirateter Frau verwehrt sind.

Albertine sieht sich alsdann mit Fridolin auf einer Lichtung, die von allen Seiten umgrenzt ist. Gemeinsam mit ihm befindet sie sich an einem Ort, der abgeschlossen ist und gleichermaßen schützend und bedrohlich (Felswand, Wald) wirkt. Der Übertrag auf ihr eheliches Leben liegt auf der Hand: Es bietet ihr Sicherheiten, schränkt sie aber zugleich auch ein und reduziert sie auf ihre häuslichen Pflichten als Ehefrau und Mutter. Albertine ahnt, dass sie auf diese Weise ihr Glück nicht finden wird.

Als alle ihre Kleider plötzlich verschwunden sind, eilt Fridolin, um neue zu kaufen, und kommt später mit Kleidung, Schuhen und Schmuck wieder. Diese materiellen Dinge üben jedoch keinerlei Reiz auf Albertine aus. Die finanzielle Sicherheit kann das Gefühl eines emotionalen und sexuellen Unbefriedigtseins nicht aufwiegen. Albertine fühlt sich keineswegs verlassen, sondern erleichtert, als Fridolin fortgegangen ist.

Erst ein fremder junger Mann, der an den Offizier aus dem Urlaub in Dänemark erinnert, führt Albertine in ihr Glück. Mit ihm und anderen Paaren liegt sie Arm in Arm auf einer Blumenwiese und schaut zu, wie Fridolin zuerst gefangen genommen, dann gefoltert und schließlich gekreuzigt wird. Die Rettungsangebote der mächtigen Fürstin nimmt er aus Treue zu Albertine nicht an. Diese verfolgt das Geschehen ungerührt und spöttisch. So wie Fridolin es hingenommen hat, dass sich die schöne Unbekannte auf dem Maskenball für ihn geopfert hat, so opfert er sich nun für seine Liebe zu Albertine. Dass diese seiner Haltung nicht mit Dankbarkeit, sondern höhnisch begegnet, zeigt ihre „Aggression gegen einen Partner […], der sich nicht als der erhoffte Märchenprinz, sondern als ein im Innersten schwacher Mann erwiesen hat"[1]. Für die Deutung der Grausamkeit dessen, was Fridolin widerfährt, ist auch mit zu bedenken, dass die Erzählungen Leopold von Sacher-Masochs (1836–1895) ebenfalls in dieser Zeit entstanden sind und populär waren (**Arbeitsblatt 16**, S. 76). Die völlige Unterwerfung eines Mannes unter eine dominante Frau, der er verfallen ist, ist sowohl das Sujet der Novelle „Venus im Pelz" wie auch des Traums, den Albertine träumt. Fridolin hingegen ist nahezu eine Karikatur des „Don Juan", denn auch er versucht seine seelischen Kränkungen, die er durch die Schilderungen gedanklicher Untreue seiner Frau erlebt, durch Kontakte zu anderen Frauen aufzuheben; jedoch kommt es in keinem der Fälle – nicht einmal bei seinem Besuch bei einer Prostituierten – zu geschlechtlichem Verkehr.

■ *Vergleichen Sie Albertines Traum mit den Themen der Novellen, v. a. der „Venus im Pelz" von Leopold von Sacher-Masoch (Arbeitsblatt 16).*

■ *Der Psychiater und Rechtsmediziner Richard von Krafft-Ebing (1840–1902) führte die beiden Begriffe Sadismus und Masochismus wissenschaftlich ein. Weisen Sie nach, inwiefern sich diese beiden Formen sexuellen Begehrens in Schnitzlers „Traumnovelle" zeigen.*

Inhaltlich ist Albertines Traum ein Zeugnis ihrer Entfremdung und ihrer Zweifel an der Ehe. Die Tatsache jedoch, dass sie Fridolin ihren Traum erzählt und ihn nicht für sich behält, zeigt, dass sie dennoch bereit ist, ihr Innerstes mit ihm zu teilen. Obwohl ihre Botschaft lautet, dass sie sich in ihrem Leben als Ehefrau eingeengt und unbefriedigt fühlt und das Zusammenleben mit Fridolin am liebsten auf radikale Weise beenden würde, um ein schillerndes Leben in anderen, neuen Rollen zu leben, zeigt sie Fridolin ihr Vertrauen, indem sie sich ihm offenbart. Eine kleine Geste unterstreicht diese Situation eindrücklich: Bevor Albertine zu erzählen beginnt, reicht sie Fridolin ihre Hand (S. 58, Z. 39f.). Dieser Kontakt zwischen den beiden bleibt bis zum Schluss bestehen (S. 64, Z. 27). Im Spiel ihrer Hände lässt sich Albertines Zutrauen und Zugehen auf Fridolin ablesen, ebenso wie der Zustand ihrer Ehe, die in Gewohnheiten zu erstarren droht (er hält ihre Hand „gewohnheitsmäßig, mehr zerstreut als

---

[1] Scheffel, Michael: Nachwort zur Traumnovelle, Reclam, Stuttgart 2006, S. 112

zärtlich" (S. 58, Z. 40 f.)). Auch an späterer Stelle, als Fridolin die unbekannte Frauenleiche in der Pathologie anschaut, erscheint das Motiv des Fingerspiels wieder. Für Fridolin ist es Ausdruck von Zuneigung und auch erotischer Anziehungskraft (siehe Baustein 4.3).

> ▨ *Stellen Sie sich vor, Albertine würde Dr. Freud aufsuchen, um Hilfe bei der Deutung ihres seltsamen Traumes zu bekommen. Spielen Sie eine Szene in der psychiatrischen Praxis, in der Freud mit seinen Mitteln (siehe Textausgabe S. 127 ff. und Arbeitsblatt 15) mit Albertine Traumarbeit leistet.*

> ▨ *Verfassen Sie anschließend ein fiktives psychiatrisches Gutachten, in dem Sie die Ergebnisse der Traumarbeit zusammenfassen.*

> ▨ *Fassen Sie die Bedeutung von Albertines Traum für den Handlungsverlauf zusammen.*

Bedeutung von Albertines Traum

- spiegelt verschiedene Stationen ihres Lebens/ihrer Ehe mit Fridolin wider
- bringt ihre unerfüllten Wünsche und Begierden zum Ausdruck (Sehnsucht nach Abenteuer und sexueller Erfüllung jenseits ihrer engen, materiell abgesicherten Ehe)

➡ **im Sinne von Freuds Traumdeutung:**
Manifestation von Albertines Es im Trauminhalt

Wirkung:

- erleichtert und beglückt Albertine (vgl. S. 64, Z. 37 f.)
- erschüttert Fridolin, da sein Vertrauen in Albertines Treue und sein moralisches, eher patriarchalisch geprägtes Verständnis von Ehe in Frage gestellt werden (vgl. S. 54, Z. 22 ff.)

5.3 Traumlos nah

In der Folge von Albertines Traum macht sich Fridolin in der nächsten Nacht ein zweites Mal auf seinen Weg durch Wien. Ihn treiben zwei Motive um: einerseits der Wunsch nach Aufklärung der sonderbaren Geschehnisse und die Suche nach der Identität der unbekannten Schönen, andererseits seine Rachegelüste gegenüber Albertine und seine Gedanken an Trennung von ihr. Hinsichtlich des ersten Beweggrundes wird Fridolin enttäuscht: Der Pianist Nachtigall ist auf eigentümliche Weise verschwunden, die Villa entpuppt sich als verlassen und eine geheimnisvolle Botschaft warnt Fridolin vor weiteren Nachforschungen. Gibiser und Pierrette leben ihr seltsames Leben von Fridolins Intervention unbeeindruckt weiter, Mariannes Gefühle ihm gegenüber sind abgekühlt und Mizzi trifft er gar nicht an, da sie, wie sie es geahnt hatte, erkrankt ist und im Krankenhaus liegt.
Ob Fridolin sein eigentliches Ziel, die unbekannte Frau des Maskenballs wiederzufinden, erreicht, bleibt unklar. Er vermutet sie hinter der Identität der dubiosen Baronin Dubieski, ist sich aber auch angesichts ihrer Leiche bis zum Schluss nicht sicher, ob es sich wirklich um die Gesuchte handelt („er wüsste es nicht, könnte es – wollte es am Ende gar nicht wissen." (S. 87, Z. 38 f.)).

Die Schülerinnen und Schüler erarbeiten zunächst Fridolins Planungen für den Tag und stellen heraus, dass seine Nachforschungen nicht zu den gewünschten Ergebnissen führen.

■ „Das Programm für den Tag hatte [Fridolin] sorgfältig, ja mit einiger Pedanterie entworfen." (S. 65, Z. 13 f.) – Stellen Sie sich vor, Fridolin hätte diese Planung schriftlich festgehalten. Schreiben Sie in Stichworten auf: Wohin will er gehen? Was will er dort tun? Welches sind seine Beweggründe? (Textgrundlage: Kapitel VI, S. 65–90)

■ Beurteilen Sie Fridolins Planungen aus der Rückschau: Hat er sein Ziel erreicht?

Fridolins Verhalten in der Pathologie, in der er einen Frauenleichnam anschaut, wird im Folgenden genauer untersucht. Zunächst wird die Szene (S. 84, Z. 24 – S. 90, Z. 24) gegliedert: Die eigentliche Leichenschau wird gerahmt von einem Fachgespräch mit dem Kollegen Dr. Adler. Fridolins Verhalten in dieser Situation ist professionell, wie es seiner Tätigkeit als Arzt entspricht. Er ist mit dem Ort und den Gegebenheiten vertraut und fühlt sich fast wie zu Hause (S. 84, Z. 30). Die Situation schlägt vom Dienstlichen zunächst um ins Private, als Fridolin nach der Frauenleiche fragt, um dann intim zu werden, als er sie anschaut und mit ihrer Hand spielt, wie er es auch mit Albertines Hand zu tun pflegt.

Fridolin betrachtet die Leiche in all ihren Einzelheiten. Das Motiv des Anschauens und Angeschautwerdens, das schon Fridolins Wahrnehmung auf dem Maskenball der geheimen Gesellschaft prägte, gewinnt hier wieder an Bedeutung. Dies ist umso bemerkenswerter, da es sich bei Fridolins Gegenüber schließlich um eine Leiche handelt. Trotzdem – und das unterstreicht noch einmal Fridolins Fixierung auf diesen seiner Sinne – fühlt er sich angezogen von dem Blick der Toten („Ein weißes Antlitz mit halbgeschlossenen Lidern starrte ihm entgegen." (S. 87, Z. 24), „ja ihm war, als irrte unter den halbgeschlossenen Lidern ein ferner, farbloser Blick nach dem seinen; und wie magisch angezogen beugte er sich herab." (S. 88, Z. 25 ff.)) und versucht seinerseits, durch seinen „bohrende[n] Blick" (S. 87, Z. 35) Antworten auf seine Fragen zu erhalten.

Dr. Adler ist es, der Fridolin wieder zurück in die Realität bringt, indem er sein Befremden über dessen Verhalten ausspricht. In diesem Moment hat Fridolin den Eindruck, „als ob jetzt, eben erst in diesem Augenblick, dieses Weib gestorben sei" (S. 88, Z. 34 f.). Dieser Moment markiert den unwiderruflichen Abschluss der nächtlichen Ereignisse und damit der Suche Fridolins nach außerehelichem Glück und nach Möglichkeiten der Rache an Albertine. Das anschließende Reinigen der Hände bekommt über die hygienische Funktion hinaus nun auch den symbolischen Charakter des Abwaschens von Schuld und Versuchung.

Den Schülerinnen und Schülern werden zur Analyse der Textpassage einige Aspekte mit an die Hand gegeben. Die Aufgabenstellung ist in etwas abgewandelter Form auch als Klausuraufgabe geeignet (s. Vorüberlegungen, S. 15); in diesem Falle müsste der Umfang der Textstelle gegebenenfalls eingeschränkt werden (z. B. S. 86, Z. 33 – S. 89, Z. 12). Durch den produktiven Schreibauftrag eines Perspektivwechsels, in dem das Geschehen in der Pathologie aus der Wahrnehmung Dr. Adlers wiedergegeben wird, tritt das Befremdliche von Fridolins Verhalten in besonderer Weise noch einmal hervor.

■ Analysieren Sie den Textauszug S. 84, Z. 24 – S. 90, Z. 24 (Fridolin in der Pathologie). Erarbeiten Sie dabei insbesondere:
  • die Gliederung des Textauszugs
  • das Verhalten Fridolins
  • die Bedeutung der Blicke
  • die Funktion des Spiels der Hände
  • die Darstellung des Todes

Fridolin in der Pathologie

Gliederung:

- doppelte Rahmung durch dienstliche Gespräche mit Dr. Adler und kurze Unterhaltung über die private Suche nach einer alten Bekannten
- im Zentrum steht die Leichenschau:

Fridolins Verhalten bei der Leichenschau:
- betrachtet die Leiche intensiv
- er meint, die Blicke der Toten zu spüren
- berührt sie
- liebevolles Spiel mit der Hand wie sonst nur mit Albertine
- fühlt sich wie magisch von der Toten angezogen

zunehmende Intimität

Zurückversetzen in die Realität geschieht erst durch Dr. Adlers Eingreifen:
- in diesem Moment ist die Frau für ihn gestorben
- er kann Abschied von der Toten und von seinen Fantasien nehmen
- ist bereit für die Rückkehr in den Alltag und zu Albertine

■ *Wechseln Sie die Perspektive und geben Sie das Geschehen in der Pathologie aus der Sicht und in der Interpretation Dr. Adlers wieder.*

Die folgende Nacht wird begleitet von Fridolins Gedanken an Rache und Trennung von Albertine. Sein verletztes Ehrgefühl und sein gekränktes Selbstverständnis als Ehemann sprechen auf der rationalen Seite für eine solche Entscheidung. Fridolin entscheidet sich aber schließlich aus tief empfundener Zärtlichkeit für seine Frau. Sein Zusammenbruch, als er zu Hause die vergessene Maske auf seinem Kopfkissen liegen sieht, markiert das Ende dieses inneren Kampfes zwischen Verstand und Gefühl. Albertine erweist sich in dieser Situation als die Stärkere, die das Geschehen führt. Sie signalisiert durch die Maske Fridolin, dass sie ihn durchschaut hat, und zugleich, dass sie ihm verzeiht. Wieder bekommt ein Blick an dieser Stelle eine besondere Bedeutung: Albertines Augen werden als groß und hell beschrieben und stehen damit im größtmöglichen Kontrast zu den dunklen Augen der Frau auf dem Maskenball und zu den geschlossenen Augen der Leiche in der Pathologie.

Nun kann Fridolin – wieder einmal Hand in Hand mit Albertine – seine Erlebnisse aussprechen. Er wechselt vom Erlebenden zum Erzählenden und lässt mit dieser Änderung seiner Rolle die Ereignisse der Nacht hinter sich. Durch das Aussprechen gelingt ihm, ähnlich wie in Albertines Fall, eine Verarbeitung der Geschehnisse und eine Wiederverhaftung in der Realität.

Der Verlauf des anschließenden Gesprächs zeigt das Verhältnis zwischen den Eheleuten noch einmal ganz deutlich. Fridolin ist unsicher in der neuen Situation und fragt Albertine: „Was sollen wir tun […]?" (S. 92, Z. 9). Diese ist es, die antwortet und konstatiert, dass die traumhaften Ereignisse nun ein Ende hätten, sich jedoch sehr bewusst ist, dass die Wirklichkeit und die Zukunft davon nicht unberührt bleiben werden. Sie formuliert damit auf ihre Weise Arthur Schnitzlers Theorie des Vorhandenseins eines „Mittelbewusstseins", das ständig präsent ist (s. Baustein 5.3). Der Schlusssatz gehört Albertine und sie unterbindet damit Fridolins Wunsch nach (Wieder-)Herstellung einer fassadenhaften Harmonie und damit einer Rückkehr in den gewohnten Zustand ihrer Partnerschaft.

■ *Fridolin trägt sich mit dem Gedanken an eine Trennung von Albertine. Überlegen Sie, welche inneren Stimmen in Fridolins Kopf sprechen könnten (z. B. der treue Gatte, der ehrverletzte Mann, der angesehene Arzt, der Vater ...) und welche Gründe sie für oder gegen eine Trennung anführen könnten. Verschaffen Sie diesen Stimmen Ausdruck, indem Sie ein „Gespräch" zwischen ihnen schreiben.*

■ *Legen Sie dar, welche Gründe letztlich ausschlaggebend für seine Entscheidung sind, sich nicht von Albertine zu trennen.*

■ *Analysieren Sie die Schlussszene der Novelle (S. 91, Z. 41 – S. 92, Z. 32). Arbeiten Sie dabei besonders das Gesprächsverhalten der beiden Figuren heraus.*

■ *Stellen Sie zusammenfassend in eigenen Worten dar: Zu welcher Erkenntnis sind Albertine und Fridolin an diesem Morgen gelangt?*

Schlussszene der Novelle

Fridolin:

- unsicher
- fragend
- harmoniebedürftig
- Sicherheit suchend
- hofft, dass die verwirrenden Ereignisse der letzten zwei Nächte und Tage ein Ende gefunden haben

Albertine:

- realistisch
- gefestigt, stark
- abgeklärt
- klug, besonnen
- weiß, dass die Ereignisse der Nächte nicht rückgängig gemacht werden können und sie und Fridolin auch in Zukunft latent begleiten werden

---

Das Ende der Novelle bleibt insofern offen, als durch Albertines Worte deutlich wird, dass beide die Ereignisse der vergangenen zwei Tage nicht ungeschehen und unausgesprochen machen können. Sie werden mit dem Wissen um die (Ab-)Gründe der Seele des anderen leben müssen. Mit dem Beginn eines neuen Tages und seinen gewohnten Alltagsgeräuschen ist zugleich ein Neuanfang gegeben wie auch die Gefahr des Rückfalls in den alten Trott präsent. Das Ende der Novelle ist nach den Eskapaden der Nacht ausgesprochen versöhnlich gestaltet. Es bildet damit eine absolute Ausnahme unter Arthur Schnitzlers Werken, die häufig mit einer Katastrophe für die beteiligten Figuren schließen. Möglicherweise kompensierte Schnitzler mit dem hoffnungsvollen Ende der „Traumnovelle" seinen Schmerz über die Trennung von seiner Frau Olga Gußmann. Und so sehr Fridolin und Albertine in der Schlussszene wieder zueinander gefunden zu haben scheinen – die Entwicklung ihrer Partnerschaft ist zukünftig sowohl zum Positiven als auch zum Negativen hin denkbar. Möglicherweise haben sie eine schwierige Situation überwunden, vielleicht brechen aber auch die tieferen Gründe der Ehekrise wieder und wieder auf. Einen Hinweis auf die Richtung der Entwicklung gibt Schnitzler durch die Verwendung des Licht-Motivs (s. Baustein 4.3). Der Morgen beginnt mit „einem sieghaften Lichtstrahl" (S. 92, Z. 30), der den Triumph des Tages über die „Geister" der Nacht andeutet.

Durch die Bearbeitung eines abschließenden produktionsorientierten Schreibauftrags sollen die Schülerinnen und Schüler diese Möglichkeiten, die das Ende in sich trägt, problematisieren und kommentieren. Sie sollen sich vorstellen, sie träfen Albertine und Fridolin einige Jahre später wieder. Die Bearbeitung des Auftrags kann in Form eines Statements aus der

Sicht der Schülerinnen und Schüler verfasst werden. Es ist jedoch auch möglich, dass die Schülerinnen und Schüler sich für eine der beiden Figuren entscheiden und aus deren Perspektive in der Ich-Form schreiben.

■ *Stellen Sie sich vor, Sie träfen Albertine und Fridolin fünf Jahre später wieder: Glauben Sie, die beiden wären noch miteinander verheiratet? Begründen Sie Ihre Entscheidung.*

oder:

■ *Stellen Sie sich vor, Sie träfen Albertine oder Fridolin fünf Jahre später wieder. Schreiben Sie in der Ich-Form, was die literarische Figur über ihr momentanes Leben und ihre Partnerschaft zu erzählen hätte.*

Notizen

_____

_____

_____

_____

_____

_____

_____

_____

_____

_____

_____

_____

_____

_____

_____

_____

_____

_____

_____

Das Instanzenmodell nach Sigmund Freud

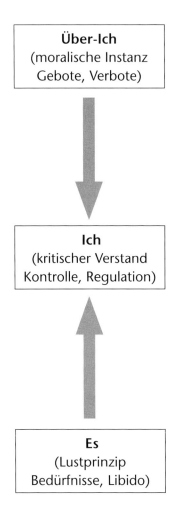

„In psychologischer Hinsicht ist nach Freud der Traum ganz allgemein ‚die (verkleidete) Erfüllung eines (unterdrückten, verdrängten) Wunsches.' Insofern der Wunsch verdrängt ist, handelt es sich folg-
5 lich beim Traum um eine Manifestation des Es. Freud geht davon aus, dass im Schlaf das Ich hochgradig geschwächt ist, d. h. dass die Libido von der Motorik und der Sinneswahrnehmung weitgehend zurückgezogen ist. Das Es nützt gewissermaßen die Gunst der
10 Stunde und dringt mit seinen Inhalten ins Traumbewusstsein und – via Rückerinnerung an den Traum – ins Bewusstsein ein. Da aber das Ich während des Schlafs bloß geschwächt, aber nicht völlig außer Funktion ist, stellt es sich gegen eine unverhüllte
15 Offenbarung des Verdrängten aus dem Es und zwingt

den geheimnisvollen Regisseur des Traums, den unbewussten, verdrängten Wunsch zu verschleiern und ihn in solche Bilder zu kleiden, die dem Bewusstsein aus der Sicht des verdrängenden Ichs als akzeptabel erscheinen. 20
So gesehen, ist jener Traum, an den wir uns beim Erwachen erinnern, nie genau das, was eigentlich das Es zum Ausdruck bringen wollte, sondern stellt stets einen *Kompromiss* dar zwischen dem Es-Impuls und der Gegenwehr des Ich. Das Ich amtet demzufolge 25 beim Zustandekommen eines konkreten Traumbildes als *Zensor*."

Arthur Brühlmeier: Auszug aus: Die Psychoanalyse Sigmund Freuds.
http://www.bruehlmeier.info/freud.htm

■ *Geben Sie mit eigenen Worten wieder, welche Bedeutung laut Sigmund Freud dem Traum zukommt.*

■ *Erläutern Sie Sigmund Freuds Verständnis eines Traumgeschehens am Beispiel von Albertine.*

Arthur Schnitzler über die Psychoanalyse

1 „Über mein Unbewusstes, mein halb Bewusstes wollen wir lieber sagen –, weiß ich aber noch immer mehr als Sie, ⁵ und nach dem Dunkel der Seele gehen mehr Wege [...] als die Psychoanalytiker sich träumen (und traumdeuten) lassen. Und gar oft führt ein ¹⁰ Pfad noch mitten durch die erhellte Innenwelt, wo sie – und Sie – allzu früh ins Schattenreich abbiegen zu müssen glauben."

Aus: Michael Worbs: Arthur Schnitzler – Sigmund Freud: Doppelgänger? In: Ders.: Nervenkunst. Literatur und Psychoanalyse im Wien der Jahrhundertwende. Frankfurt am Main: Athenäum 1988, S. 217 f.

2 „Die Frage ist, was ist gewonnen, was vertan dadurch, dass die Psychoanalyse in ein System gebracht und gar dadurch, ⁵ dass sie Mode wurde? Psychoanalyse ist scheinbar eine leichtere, in Wirklichkeit eine schwerere Kunst, als man glaubt."

Aus: Arthur Schnitzler: Über Psychoanalyse. In: Reinhard Urbach (Hg.): Protokolle 2 (1976), S. 280

3 „Die psychoanalytische Methode biegt ins Unbewusste oft ohne Nötigung, lange ehe sie es dürfte, ein. Manchmal ⁵ aus Bequemlichkeit, manchmal aus Borniertheit, manchmal aus Monomanie¹."

Ebd., S. 282

---

¹ abnormer Zustand des Besessenseins von einer einzigen Idee

4 „Gerade dadurch, dass die Psychoanalyse ihre Theorien, zum Beispiel den Oedipuskomplex, verallgemeinert, ⁵ verringert sie deren Bedeutung. [...] Nur als Degenerationserscheinung hat der Oedipuskomplex eine psychologische Bedeutung. [...] Die ¹⁰ neuere Psychologie ist mehr auf Metaphern bedacht als auf psychische Realitäten. Die Trennung in Ich, Über-Ich und Es ist geistreich, aber ¹⁵ künstlich. Eine solche Trennung gibt es in Wirklichkeit nicht [...]."

Ebd., S. 278 ff.

5 „Das Mittelbewusstsein wird überhaupt im Ganzen zu wenig beachtet. Es ist das ungeheuerste Gebiet des Seelen- ⁵ und Geisteslebens; von da steigen die Elemente ununterbrochen ins Bewusste auf oder sinken ins Unbewusste hinab. Das Mittelbewusstsein steht ¹⁰ ununterbrochen zur Verfügung. Auf seine Fülle, seine Reaktionsfähigkeit kommt es vor allem an."

Ebd., S. 283

6 „Einige neuere Dichter [entdeckten,] [...] dass die Seele im Grunde kein so einfaches Ding sei. Und insbesondere, dass ⁵ außer dem Bewussten allerlei Unbewusstes in der Seele nicht nur vorhanden, sondern auch wirksam sei. [...] Man entdeckte ferner – und dies war vielleicht das Wesentlichste – eine Art fluktuierendes Zwischenland zwischen Bewusstem und Unbewusstem. Das Unbewusste fängt nicht so bald an, ¹⁵ als man glaubt, oder manchmal aus Bequemlichkeit zu glauben vorgibt (ein Fehler, dem die Psychoanalytiker nicht immer entgehen). Die ²⁰ Begrenzungen zwischen Bewusstem, Halbbewusstem und Unbewusstem so scharf zu ziehen, als es überhaupt möglich ist, darin wird die Kunst des ²⁵ Dichters vor allem bestehen."

Aus: Arthur Schnitzler: Psychologische Literatur. In: Ders.: Aphorismen und Betrachtungen. Frankfurt am Main: Fischer 1967, S. 454 f.

■ *Fassen Sie Arthur Schnitzlers Kritik an der Psychoanalyse mit eigenen Worten zusammen.*

■ *Definieren Sie den Begriff des „Mittelbewusstseins" nach Arthur Schnitzler.*

Albertines Traum

Textstelle	Ort und Zeit	Personen	wesentliche Trauminhalte	zentrale Symbole	prägendes Gefühl Albertines

Albertines Traum (Lösungsvorschlag)

Textstelle	Ort und Zeit	Personen	wesentliche Trauminhalte	zentrale Symbole	prägendes Gefühl Albertines
S. 59, Z. 4 – S. 60, Z. 4	• am Wörthersee • in der Nacht vor der Hochzeit mit Fridolin • auf einer Lichtung, die von drei Seiten von einem Wald und von einer Seite von einer steilen Felswand umgeben ist	• Albertine (wie eine Prinzessin) • Fridolin (wie ein Prinz)	• das Brautkleid ist verschwunden, stattdessen hängen viele andere Kleider im Schrank • Fridolin erscheint wie ein Prinz • schweben, fliegen über den Nebel • Liebesspiel auf der Lichtung	• Brautkleid • opulente Kleider/Kostüme • Schweben • umgrenzte Lichtung	• wie eine Schauspielerin • eher distanziert gegenüber dem Geschehen
S. 60, Z. 5 – S. 61, Z. 28	• am nächsten Morgen • Wiese auf der Lichtung • versunkene Stadt	• Albertine • Fridolin • ein Fremder, der Albertine an den Dänen aus ihrem Urlaub erinnert	• alle Kleider sind verschwunden, Albertine und Fridolin sind nackt • Fridolin eilt in die Stadt, um neue Kleider zu kaufen, und wird dabei vom Geheul einer Menschenmenge verfolgt • ein fremder junger Mann erscheint auf der Lichtung, ohne Albertine zunächst Beachtung zu schenken • der Fremde nimmt Kontakt zu Albertine auf und legt sich zu ihr auf die Wiese	• Kleider, Schuhe, Schmuck • Nacktheit • Musik/Gesang • Stadt • Lachen	• Schwermut und Ahnung von vorbestimmtem Leid (am Morgen) • Scham, Entsetzen, Zorn (wegen verschwundener Kleider) • Leichtigkeit, Glücksempfinden (nachdem Fridolin verschwunden war)
S. 61, Z. 34 – S. 64, Z. 14	• zu einem unbestimmten Zeitpunkt („es gab weder Zeit noch Raum") • unendliche Blumenwiese	• Albertine • der Fremde • eine unbestimmte Anzahl weiterer Paare • Fridolin • eine Fürstin	• Albertine liegt mit dem Fremden auf der Wiese • Fridolin wird gefangen genommen, gefoltert und soll gekreuzigt werden • er lehnt das Angebot der Fürstin auf Begnadigung, wenn er ihr Liebhaber wird, wiederholt ab • Albertine und Fridolin schweben aufeinander zu und verfehlen sich • Albertine lacht Fridolin höhnisch aus	• Fürstin • Blumenwiese • Kleider, Schuhe, Schmuck • Schweben	• tiefe Gelöstheit, Freiheit, Glück • Mitleidslosigkeit, keine Anteilnahme • höhnische Distanz

Traumarbeit und Traumdeutung nach Freud

Sigmund Freud (1856–1939) war österreichischer Arzt und Psychologe. Seine Theorien und Methoden werden bis heute kontrovers diskutiert.

Die *Traumdeutung* ist [...] die Umkehrung jenes Prozesses, der die Umwandlung des ⁵latenten in den manifesten Traum bewerkstelligte. Freud nennt diesen Verwandlungs-Prozess, der den Traumgedanken in die visuellen und akustischen Bilder umsetzt, *Traumarbeit*. Es ist folglich ganz einfach: Die Traumarbeit macht aus dem latenten Traum den ¹⁰manifesten, und die Traumdeutung geht diesen Weg wieder zurück und entdeckt im manifesten Traum den ursprünglichen latenten Traum.

[...] Die grundlegendste Form der Traumarbeit ist folglich die *Einkleidung eines Gedankens bzw. der ein-*¹⁵*zelnen Elemente eines Traumgedankens in Bilder*, die in irgendeinem erkennbaren Zusammenhang mit den latenten Traumelementen stehen. [...] Das ist der Grund, weshalb Freud nichts hielt von reinen Fremddeutungen und seine Analysanden zu jedem einzel-²⁰nen Element des manifesten Traumes frei assoziieren ließ. (Dieser Methode der freien Assoziation wurde dann z. B. von Jung entgegengehalten, dass dadurch eigentlich nicht der Traum gedeutet werde, sondern dass – via freie Assoziation – in aller Regelmäßigkeit ²⁵bloß die neurotischen Züge des Träumers sichtbar werden; diese würden sich nämlich beim freien Assoziieren stets zeigen, ganz gleich, von welchen Bildern, Begriffen oder Gegenständen man ausgehe.)

Im Rahmen dieses Verwandelns von latenten Traum-³⁰elementen in manifeste Traumbilder unterscheidet Freud *fünf spezielle Formen der Traumarbeit*:

1. Freud hat festgestellt, dass in der Regel nicht [...] schon ein Element aus dem manifesten Traum einem andern Element im latenten Traum ent-³⁵spricht, sondern dass sich mehrere Elemente des latenten Traumes in einem einzigen Element des manifesten Traumes vertreten lassen können. Und auch das Umgekehrte ist möglich: dass nämlich ein einziges Element des latenten Traumes in meh-⁴⁰reren Elementen des manifesten Traumes vorkommt. Freud nennt diesen Vorgang der Traumarbeit *Verdichtung. [...]*

2. Eine zweite Form der Traumarbeit ist die *Verschiebung*. Es handelt sich dabei um eine Gewichtsverlagerung hinsichtlich der Bedeutsamkeit eines Ele-⁴⁵ments. [...]

3. Eine weitere Form der Traumarbeit ist die *Verkehrung ins Gegenteil*. So kann jemand träumen, dass er seine Sekretärin schlägt, und die Analyse zeigt dann, dass er sich bspw. genau das Gegenteil ⁵⁰wünscht (was immer das bedeuten mag).

4. Des Weiteren scheint sich der Traumregisseur einen Spaß daraus zu machen, dem *Wortlaut* einer Sache eine besondere Bedeutung beizumessen. So kann jemand von einem *Mantel* träumen, und ge-⁵⁵meint ist der *Mann*, oder jemand träumt vom Klassenkameraden *Peter Bischof*, und gemeint ist der *Bischof Petrus*, nämlich der Papst und damit die Beziehung zur Kirche und zur Religion. Und wenn jemand träumt, er reise *gen Italien*, so dürfte dies ⁶⁰tatsächlich mit den Genitalien im Zusammenhang stehen. [...]

5. Schließlich vertritt Freud die Ansicht, dass bestimmten Gegenständen feststehende *Symbole* zugeordnet werden können. So schreibt Freud [...], ⁶⁵nachdem er auf die Vieldeutigkeit von Traumelementen hingewiesen und sich gegen eine starre Anwendung der Traumsymbole verwahrt hat: „Der Kaiser und die Kaiserin (König und Königin) stellen wirklich zumeist die Eltern des Träumers dar, ⁷⁰Prinz oder Prinzessin ist er selbst. Dieselbe hohe Autorität wie dem Kaiser wird aber auch großen Männern zugestanden [...]. Alle in die Länge reichenden Objekte, Stöcke Baumstämme, Schirme (des der Erektion vergleichbaren Aufspannens we-⁷⁵gen!), alle länglichen und scharfen Waffen: Messer, Dolche, Piken wollen das männliche Glied vertreten. [...] Ganz unverkennbar ist es auch, dass alle Waffen und Werkzeuge zu Symbolen des männlichen Gliedes verwendet werden: Pflug, Hammer, ⁸⁰Flinte, Revolver, Dolch, Säbel usw. – Ebenso sind viele Landschaften der Träume, besonders solche mit Brücken oder mit bewaldeten Bergen, unschwer als Genitalbeschreibungen zu erkennen. Marcinowski hat eine Reihe von Beispielen gesam-⁸⁵melt, in denen die Träumer ihre Träume durch Zeichnungen erläuterten, welche die darin vorkommenden Landschaften und Räumlichkeiten darstellen sollten. Diese Zeichnungen machen den Unterschied von manifester und latenter Bedeu-⁹⁰tung im Traume sehr anschaulich. Während sie, arglos betrachtet, Pläne, Landschaften und dergleichen zu bringen scheinen, enthüllen sie sich einer eindringlicheren Untersuchung als Darstellung

95 des menschlichen Körpers, der Genitalien usw. und ermöglichen erst nach dieser Auffassung das Verständnis des Traumes. [...] Die Einführung feststehender Symbole mit zumeist sexueller Bedeutung ist insofern ein interessantes Detail der 100 Freud'schen Theoriebildung, als ja Freud sich zuerst gegen die früher oft verwendeten Traumdeutungsbücher wendete, in welchen Verzeichnisse von Traumbildern mit der entsprechenden Bedeutung zu finden waren. Freud selber hat somit wie-105 der einen Schritt rückwärts getan und sich wieder ein Stück weit von seiner Position entfernt, wonach der Traum nur aufgrund der Kenntnis der Lebensgeschichte (anhand freier Assoziationen) des Träumers zu deuten ist. Um Freud gegenüber 110 nicht ungerecht zu sein, muss darum darauf hingewiesen werden, dass er selber nachdrücklich davor warnt, „die Bedeutung der Symbole für die Traumdeutung zu überschätzen, etwa die Arbeit der Traumübersetzung auf Symbolübersetzung 115 einzuschränken und die Technik der Verwertung von Einfällen des Träumers aufzugeben. Die beiden Techniken der Traumdeutung müssen einander ergänzen; praktisch wie theoretisch verbleibt aber der Vorrang dem zuerst beschriebenen Verfah-120 ren [freie Assoziation], das den Äußerungen des Träumers die entscheidende Bedeutung beilegt,

während die von uns vorgenommene Symbolübersetzung als Hilfsmittel hinzutritt."

Angesichts der Komplexheit der Traumarbeit steht jeder Traumdeuter in jedem einzelnen Falle vor einer 125 sehr anspruchsvollen Arbeit. So muss er eigentlich bei jedem einzelnen Element des manifesten Traumes entscheiden, ob es

- *direkt* oder *gegenteilig* zu deuten ist,
- einer *aktuellen Problematik* oder einem *zurücklie-* 130 *genden Problem* entspricht,
- ein *feststehendes Symbol* ist oder *beliebig* durch freie Assoziation gedeutet werden kann
- oder als *Sache* oder vom *Wortlaut* her gedeutet werden muss. 135

Die Vielfalt dieser Deutungsmöglichkeit eröffnet natürlich jeder Beliebigkeit Tür und Tor. So kann man z. B., will man einfach irgendeine Deutungs-Hypothese bestätigt wissen, ein nicht passendes Element ins Gegenteil umkehren. Es braucht darum ein Krite-140 rium, ob man als Deuter auf der richtigen Spur ist. Dieses Kriterium ist ein gewisses *Evidenz-Erlebnis des Träumers:* Er spürt intuitiv, dass die Deutung stimmt und tatsächlich eine für ihn bedeutsame Problematik erhellt. 145

Arthur Brühlmeier: Auszüge aus: Die Psychoanalyse Sigmund Freuds.
http://www.bruehlmeier.info/freud.htm

■ *Erläutern Sie Sigmund Freuds Methoden der Traumarbeit.*

■ *Welche Schwierigkeiten sieht der Autor des Textes, Arthur Brühlmeier, bei der Anwendung der Methoden Freuds?*

■ *Recherchieren Sie im Internet unter dem Stichwort „Traumdeutung". Beurteilen Sie die Treffer kritisch.*

Leopold von Sacher-Masoch

Leopold Ritter von Sacher-Masoch (* 27. Januar 1836 in Lemberg; † 9. März 1895 5 in Lindheim bei Frankfurt am Main), war ein österreichischer Schriftsteller und lebte u. a. in Graz, 10 Prag, Salzburg und Wien. Er schrieb auch unter den Pseudonymen Charlotte Arand und Zoë von Rodenbach. Seine Familie lebte in Lemberg und hatte slowenische, 15 spanische und böhmische Vorfahren. Sein Vater war Polizeidirektor von Lemberg. Sacher-Masoch wurde nach dem Studium der Rechtswissenschaften, Mathematik und Geschichte in Graz [...] zunächst Professor für Geschichte an der Lemberger Universität. Später 20 gab er den akademischen Beruf auf, um sich ganz der Abfassung von Romanen und Novellen zu widmen. Er war zu seiner Zeit ein vielgelesener, populärer Schriftsteller. Seine zahlreichen Romane und seine ebenso zahlreichen, meist folkloristischen Novellen waren 25 [...] als exotische, immer spannende, ja sogar als moralische Lektüre beliebt. Als einer der Ersten zeichnete er ein realistisches Bild der Juden in Galizien; zeitlebens kämpfte er politisch gegen den Antisemitismus in Mitteleuropa. Victor Hugo, Émile Zola, Henrik Ib- 30 sen gehörten zu seinen Bewunderern; König Ludwig II. von Bayern empfand zu dem Autor gar eine Seelenverwandtschaft. Sacher-Masochs Weltbild vereinigte in eigenartiger Weise Elemente des Minnedienstes, der Schopenhauer'schen Metaphysik und vorausgreifend 35 solche Strindberg'scher Geschlechterpsychologie. Bekannt wurde Masoch durch seine Fantasie und Kunst, triebhaftes Schmerz- und Unterwerfungsverlangen ästhetisch zu formulieren. Sein literarischer Ruhm begann im deutschsprachigen Raum mit der 40 Novelle „Don Juan von Kolomea", die 1866 in Westermanns Monatsheften erschien. Hier entwirft Sacher-Masoch eine neue Version des Don Juan-Motivs: der Protagonist ist hier kein Getriebener romantischer Sehnsucht oder unstillbarer Beutegier, sondern ist ein 45 Don Juan aus Ressentiment[1], der die Liebe zur Frau als sehr schmerzhaft empfindet und durch Immoralität seine Selbstachtung wiederzugewinnen hofft. Die Beziehung des Mannes zur Frau wird dabei pauschal als zuletzt unglücklich bezeichnet. Eine für bei-

de Parteien zufriedenstellende Seinsweise erscheint 50 unmöglich und das christliche Sakrament der Ehe dadurch fragwürdig. Ein weiteres, bis heute häufig zitiertes Werk ist die *Venus im Pelz*, 1870 innerhalb des Zyklus' *Das Vermächtnis Kains* erschienen, in dem Sacher-Masoch u. a. exemplarische Formen der Liebe 55 darstellte. 1873 heiratete er Aurora Rümelin, die unter dem Schlüsselnamen Wanda von Dunajew erzählerische Prosa sowie als Wanda von Sacher-Masoch autobiografische Schriften veröffentlichte. 1886, auf dem Gipfel seines Ruhmes, wurde Masoch in Paris 60 mit einem Orden geehrt und von *Le Figaro* und der angesehenen *Revue des Deux Mondes* gefeiert. Sacher-Masoch wurde eingeäschert; die Urne mit seiner Asche ging nach dem 2. Weltkrieg im Brandschutt des Schlosses von Lindheim verloren. 65

Quelle: wikipedia (Stand Mai 2009)

Venus im Pelz ist eine Novelle (1870) von Leopold von Sacher-Masoch. Es sollte der erste Teil eines sechsbändigen Zyklus zum Thema „Liebe" werden, der aber nie weitergeführt wurde. Er beschreibt darin die extremen Wechselbäder der Gefühle, die der 5 „Sklave" Severin durch seine Herrin Wanda erfährt, die ihn in ihrer feminin-dominanten Rolle als Venus im Pelz an seine körperlichen und geistigen Grenzen treibt, um ihn schließlich zu verlassen – wegen eigener unbefriedigter Unterwerfungssehnsucht, oder 10 aber um ihn von seinem Masochismus[2] zu heilen. Protagonist der Handlung ist Severin von Kusiemski, der seine Erfahrungen einem Freund in Form eines Manuskripts zu lesen gibt. Auslöser dieser Rahmenhandlung sind ein Traum dieses Freundes, in dem 15 eine griechische Venus im christlichen Norden friert und sich in Pelze hüllen muss, und ein Gemälde in Severins Zimmer, das ihn in jungen Jahren in demütiger Haltung zu Füßen einer Venus im Pelz zeigt. Severin trifft als junger Mann Mitte zwanzig in einem 20 Karpatenbad die junge und reiche Witwe Wanda von Dunajew, von deren Schönheit und Ähnlichkeit zur schon seit seiner Kindheit verehrten griechischen Venus er fasziniert ist. Den Heiratsantrag Severins will Wanda jedoch nicht annehmen und schlägt ihm 25 stattdessen eine einjährige Probezeit vor. Nach mehrmaligem Bitten Severins willigt Wanda ein, seine Herrin zu sein, woraufhin Severin nach der Abreise aus dem Karpatenbad zu ihrem Sklaven Gregor verwandelt wird. Wanda erfüllt nun vollstän- 30

---

[1] Wiedererleben eines (dadurch verstärkten) schmerzlichen Gefühls

[2] psychosexuelle Disposition, bei der Erregung und Befriedigung nur durch das Erleiden von Demütigung und Schmerzen erlebt wird

dig Severins/Gregors Fantasie eines schönen Weibes, das seinen Sklaven despotisch[1] unterwirft und (auch grundlos) physisch und psychisch quält. Doch sie fällt immer wieder aus ihrer Rolle und ist stunden-
35 weise die liebende, zärtliche Geliebte Severins/Gregors.

Dieser kann immer weniger mit den Verehrern Wandas umgehen, findet aber, da er vertraglich an Wanda gebunden ist, keinen anderen Ausweg aus seiner Si-
40 tuation, als sich selbst zu töten, was er allerdings nicht übers Herz bringt. Trotz seines Leidens an der Situation, ist Severin/Gregor immer noch in seinen masochistischen Fantasien gefangen.

Erst als Wanda ihn verrät und ihrem sadistischen[2]

Liebhaber, dem Griechen, zum Auspeitschen über- 45 lässt und dabei lachend zusieht, scheint Severin „geheilt". Er kehrt zurück auf das Gut des Vaters und nimmt sein vorheriges Leben wieder auf. In seiner Beziehung zu Frauen ist nun er der Herrschende und Unterwerfende, da er eine Gleichberechtigung beider 50 Partner für ausgeschlossen hält.

Der Begriff Masochismus, den Krafft-Ebing[3] erstmals in die Psychologie einführte, geht auf die Venus im Pelz zurück und ist aus Leopold von Sacher-Masochs Nachnamen generiert. 55

Quelle: wikipedia (Stand Mai 2009)

---

[1] willkürlich, tyrannisch
[2] Sadismus: psychosexuelle Disposition, bei der Erregung und Befriedigung nur durch das körperliche oder seelische Quälen anderer erreicht wird

---

[3] Richard von Krafft-Ebing (1840–1902), deutsch-österreichischer Psychiater und Rechtsmediziner

■ *Vergleichen Sie Albertines Traum mit den Themen der Novellen, v. a. der „Venus im Pelz" von Leopold von Sacher-Masoch.*

■ *Der Psychiater und Rechtsmediziner Richard von Krafft-Ebing (1840–1902) führte die beiden Begriffe Sadismus und Masochismus wissenschaftlich ein. Weisen Sie nach, inwiefern sich diese beiden Formen sexuellen Begehrens in Schnitzlers „Traumnovelle" zeigen.*

Aufbau und Novellenform

Während die Bausteine dieses Unterrichtsmodells bislang weitgehend dem chronologischen Verlauf der Novelle gefolgt sind, sollen nun einige übergreifende Aspekte noch einmal abschließend zusammengeführt und im Kontext der gesamten Erzählung betrachtet werden. Alternativ zu diesem Vorgehen können die Teilkapitel zur Figurenkonstellation (Baustein 6.1), zur Erzähltechnik (Baustein 6.4) und zu den (Leit-)Motiven und Symbolen (Baustein 6.5) auch vorgezogen und ab dem Zeitpunkt, zu dem die Schülerinnen und Schüler die Novelle vollständig gelesen haben, innerhalb der bisher beschriebenen Unterrichtsreihe eingesetzt werden.

6.1 Figurenkonstellation

Fridolin und Albertine sind die Hauptfiguren der Novelle, alle anderen Figuren sind auf sie hingeordnet. Eine Skizze dazu macht diese Aufteilung besonders sichtbar. Es zeigt sich, dass sich die handelnden Figuren ausschließlich um Fridolin scharen. Albertine hat neben Fridolin lediglich Kontakt zu ihrer Tochter und dem Hausmädchen sowie zu den Personen ihrer Träume und Fantasien, für die stellvertretend der Däne steht. Albertines soziale Isolation und ihre Reduzierung auf ihre Rolle als Ehefrau und Mutter, die zu ihrer Unzufriedenheit mit ihrem Leben führt, wird hier offensichtlich.

■ *Erstellen Sie eine Matrix zur Figurenkonstellation der „Traumnovelle". Machen Sie dabei durch die Anordnung der Namen und durch Verbindungslinien die Bezüge zwischen den Figuren deutlich.*

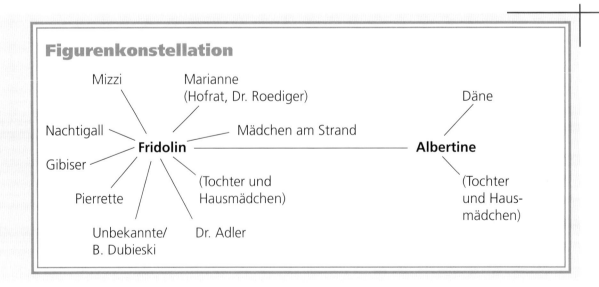

Im Verhältnis der beiden Hauptfiguren zueinander ist bemerkenswert, dass zwar die Fridolin-Handlung einen größeren textlichen Umfang einnimmt, der Albertine-Handlung aber eine nicht minder große Bedeutung zukommt. Vielmehr stellt Albertines Traum – neben Fridolins Erlebnissen in der Geheimgesellschaft – den Höhepunkt der Novelle dar. Albertine ist in der Interaktion mit Fridolin die Führende, die Initiatorin des Geschehens, während Fridolins Unternehmungen im Wesentlichen eine Reaktion auf die von Albertine angestoßenen gegenseitigen Geständnisse und die daraus resultierende Ehekrise sind. Eine Gegenüberstellung der Handlungen in einem Aktions-Reaktions-Schema lässt diese Rolle Albertines deutlich hervortreten.

■ *Stellen Sie die wesentlichen Handlungsschritte Albertines und Fridolins chronologisch zusammen. Legen Sie dabei ein Aktions-Reaktions-Schema an.*

■ *Werten Sie Ihre Beobachtungen aus: Was lässt sich über das Verhältnis der beiden Hauptfiguren ableiten?*

Albertine und Fridolin: Aktion und Reaktion

Albertine | **Fridolin**

erzählt von ihren Fantasien im Urlaub

→ erzählt ebenfalls von seinen Fantasien im Urlaub

schildert ihr Begehren nach vorehelichem Geschlechtsverkehr

→ macht sich mit Rachegelüsten auf den Weg durch Wien (Begegnungen mit Marianne, Mizzi, Pierrette, der schönen Unbekannten)

berichtet ausführlich ihre Traumerlebnisse: Kritik an der als einschränkend empfundenen Ehe mit Fridolin

→ macht sich mit dem Gedanken an Trennung zum zweiten Mal auf den Weg (Suche nach Aufklärung)

hat Fridolins Maske auf sein Kissen gelegt: Entlarvung, Friedensangebot

→ bricht zusammen; fragt „Was sollen wir tun?"

spricht die Schlussworte, verweist auf die Bedeutung der Träume und blickt realistisch in die Zukunft

Verhalten

Albertine

➡ Albertine führt und initiiert das Geschehen;

➡ durchbricht die ihr zugedachte Rolle als Ehefrau/Hausfrau ohne eigene Ansprüche

➡ stellt damit Ehe- und Rollenverständnis Fridolins radikal in Frage

➡ findet eine versöhnliche, aber keine absolute Peripetie, die Partnerschaft mit Fridolin weiter zu leben

Fridolin

➡ reagiert auf Albertines Initiativen

➡ ist von den Ereignissen überrollt und schockiert

➡ empfindet Ambivalenz von Rachegefühlen/Trennungswunsch und Zärtlichkeit für Albertine

➡ lässt sich am Ende von Albertine in die neue Wirklichkeit mitnehmen

6.2 Aufbau und Handlungsstränge

Arthur Schnitzler hat in seinen Tagebüchern lange Zeit von der „Doppelgeschichte" oder der „Doppelnovelle" gesprochen; für den Titel „Traumnovelle" entschied er sich erst zu einem recht späten Zeitpunkt kurz vor der Veröffentlichung. Der alte Titel lässt ein Wesensmerkmal der „Traumnovelle", nämlich ihre Zweisträngigkeit, erkennen. Am Höhepunkt des Textes laufen die Fridolin- und die Albertine-Handlung nahezu zeitlich parallel ab. Während Fridolin auf dem Maskenball der Geheimgesellschaft ist, träumt Albertine ihren bedeutungsschweren Traum, in den sogar einige Motive der Parallelhandlung aufgenommen sind.
Der Titel „Doppelgeschichte" lässt sich daneben auch auf das inhaltsprägende Spiel mit den Ebenen von Realität und Traum beziehen. Die meisten Ereignisse der Novelle finden in der Schnittmenge von Wirklichkeit und Traum statt: das Märchen, der Maskenball, die Ereignisse im Dänemark-Urlaub, Geheimgesellschaft, Albertines Traum. Auf dem **Arbeitsblatt 17**, S. 87 werden die beiden Bereiche von Wirklichkeit und Traum einander gegenübergestellt. Die Schülerinnen und Schüler erkennen, dass die Schnittmenge den weitaus größten Teil der Novelle einnimmt. Die Realität, d.h. für Fridolin das Leben und die Arbeit als Mediziner, für Albertine das Leben und die Arbeit als Hausfrau und Mutter, wird von beiden unterschiedlich wahrgenommen und gedeutet. Während der Alltag für Fridolin beruhigend und Sicherheit gebend ist, stellt er für Albertine ein eintöniges und beengendes Leben dar.

■ *Stellen Sie das Verhältnis von Wirklichkeit und Traum dar, wie es in Schnitzlers „Traumnovelle" dargestellt wird. Tragen sie dazu Stichworte zu beiden Bereichen in die Schnittmengengrafik (Arbeitsblatt 17) ein.*

■ *Überprüfen Sie Ihr Ergebnis und entscheiden Sie, welcher der Bereiche überwiegt.*

■ *Stellen Sie einen gedanklichen Bezug zwischen der „Traumnovelle" und dem Auszug aus Schnitzlers Einakter „Paracelsus" (Zusatzmaterial 5) her.*

■ *Schnitzler nannte seine Novelle in den Entwürfen lange Zeit zunächst „Doppelgeschichte" oder „Doppelnovelle". Erst nachdem seine Arbeiten weit fortgeschritten waren, änderte er den Titel in „Traumnovelle". Erklären Sie beide Titel.*

■ *Welche Gründe mögen Schnitzler bewogen haben, den Titel zu ändern?*

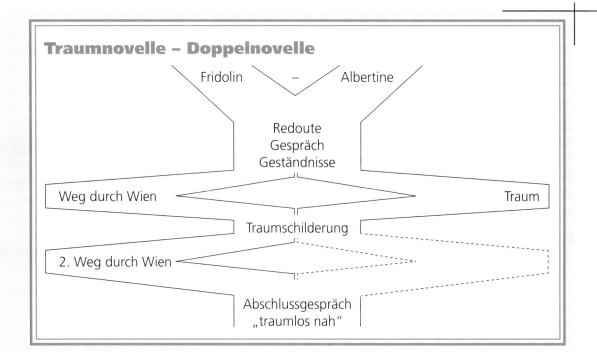

> ■ Nehmen Sie noch einmal Ihre ersten Assoziationen zum Stichwort „Traum" und Ihre Erwartungen an die Novelle vom Beginn dieser Unterrichtsreihe zur Hand. Inwiefern haben sie sich bei der Lektüre des Textes erfüllt?

6.3 Novelle

Ein ganzer Forschungszweig der germanistischen Lehre befasst sich mit der Frage, was genau die Novelle ausmache und etwa von der Erzählung unterscheide. Einen kleinen Einblick in die lange Novellentradition gewährt der Lexikonartikel von Gero von Wilpert (Anhang zur Textausgabe S. 106). In seiner Definition der Textgattung werden die wesentlichen Kennzeichen benannt, die von den Schülerinnen und Schülern herausgearbeitet und anschließend an der „Traumnovelle" überprüft werden. Die Betonung der psychologischen Komponente hat seit dem Naturalismus einen größeren Stellenwert innerhalb der Novellenhandlung eingenommen. Bei Schnitzler ist einer der Höhepunkte dieser Entwicklung erreicht. Die strenge, dramenartige Formgestaltung lässt sich in der „Traumnovelle" noch erkennen, jedoch löst sich mit ihrer Anlage als Doppelgeschichte dieser tektonische Bau zugunsten einer gelockerten Handlungsgestaltung auf.

> ■ Weisen Sie nach, inwieweit Arthur Schnitzlers „Traumnovelle" die Merkmale der Gattung „Novelle", wie Gero von Wilpert sie aufführt (Anhang zur Textausgabe S. 106), einhält.

Gero von Wilpert: Kennzeichen der Novelle	Nachweis in Schnitzlers „Traumnovelle"
tatsächliche oder mögliche Einzelbegebenheit (im Gegensatz zum Märchen)	→ Erlebnisse finden in der Zwischenwelt zwischen Traum und Wirklichkeit statt; sind grundsätzlich möglich
ein einziger Konflikt	→ Ehekrise von Albertine und Fridolin
geradlinig auf ein Ziel hinführend	→ alle Ereignisse laufen auf Fridolins Besuch in der Villa bzw. Albertines Traum zu
ursprünglich geschlossene Form, zur Zeit Schnitzlers Hinwendung zur gelockerten, fragmentarischen Form	→ alle Nebenhandlungen und -figuren sind auf das Ehepaar und seine Krise hingeordnet
nahezu objektiver Berichtstil ohne Einmischung des Erzählers	→ auktorialer Erzähler, neutrales Erzählverhalten; Teile in erlebter Rede bzw. innerem Monolog
epische Breite und Charakterausmalung wie im Roman	→ genaue Beschreibung und Ausgestaltung auch der Nebenfiguren wie Nachtigall, Gibiser, Marianne usw.
Rahmen, die dem Erzähler Stellungnahme oder Spiegelung bei den Aufnehmenden ermöglicht	→ Rahmung der nächtlichen Ereignisse durch Beschreibung des familiären Alltags
streng tektonischer, dramenähnlicher Aufbau; später gelockert	→ Gliederung in sieben Kapitel mit klarer Hinführung auf die Höhepunkte in Kap. 5 und 6
psychologischer Bereich, Handlung schöpft ihren Gehalt aus dem Seeleninneren	→ verborgene Wünsche lösen die Ehekrise aus; Schnitzlers Theorie eines „Mittelbewusstseins" prägt Figuren und Handlung

6.4 Erzähltechnik

Die Erzähltechnik Arthur Schnitzlers spiegelt literarisch das Interesse seiner Zeit an den psychischen Vorgängen im Menschen wider. Seit dem Realismus fand eine zunehmende Verlagerung des Erzählens vom Objektiven zum Subjektiven, von der Beschreibung äußerer Zustände hin zur Auseinandersetzung mit inneren Vorgängen statt. Schnitzler gilt als Begründer der Erzählweise in Form des **inneren Monologs**, die vor allem seine Erzählung „Leutnant Gustl" prägt. Durch den inneren Monolog wie auch durch die erlebte Rede gelingt es, dem Leser unmittelbaren Einblick in die Gedankenwelt und damit in die Psyche der Figuren zu gewähren, ohne die vermittelnde Instanz eines Erzählers zwischenschalten zu müssen.

Besonderheiten der erzählerischen Darbietung und der Erzählperspektive haben die Schülerinnen und Schüler während der Arbeit an Textstellen im Verlaufe dieses Unterrichtsmodells bereits erarbeitet. Hier soll nun eine systematische Zusammenfassung und Wiederholung des Gelernten vorgenommen werden. Auf dem **Arbeitsblatt 18**, S. 89, finden die Schülerinnen und Schüler verschiedene Textauszüge aus der „Traumnovelle", an denen sich exemplarisch die verschiedenen erzählerischen Darbietungsformen analysieren lassen. Das Arbeitsblatt gibt Beispiele für den Erzählerbericht, die erlebte Rede, die direkte Rede, den inneren Monolog, die Ich-Erzählung und die Beschreibung.

■ *Analysieren Sie die erzählerische Darbietungsform der verschiedenen Textstellen aus der „Traumnovelle" (Arbeitsblatt 18): Wer spricht? Der Erzähler oder eine Figur? Auf welche Weise wird dem Leser das Geschehen präsentiert? (Hilfen finden Sie im Zusatzmaterial 2)*

■ *Deuten Sie Funktion und Wirkung der jeweiligen Darbietungsform für den Inhalt und die Figurengestaltung.*

Arthur Schnitzler verwendete das Stilmittel des inneren Monologs in der „Traumnovelle" nur an einigen Stellen. Am Beispiel des Erzählanfangs der Novelle „Leutnant Gustl" (**Arbeitsblatt 19**, S. 90) können die Schülerinnen und Schüler noch einmal detailliert die Merkmale und die Wirkung dieser Erzählform erarbeiten.

■ *Beschreiben Sie möglichst genau die Besonderheiten des Erzählstils in diesem Ausschnitt (Erzählanfang) der Novelle „Leutnant Gustl" (Arbeitsblatt 19).*

■ *Weisen Sie mithilfe der folgenden beiden Definitionen (Arbeitsblatt 19) die Merkmale eines inneren Monologs nach.*

Eine möglichst unmittelbare Darstellung der Vorgänge war das Ziel der naturalistischen Kunstrichtung um die Jahrhundertwende. Was Schnitzler mit der Entwicklung des inneren Monologs für die gedanklichen und emotionalen Vorgänge des Menschen bewerkstelligte, versuchten Arno Holz und Johannes Schlaf in ähnlicher Weise für sämtliche auch äußere Geschehnisse einer Handlung. Sie entwickelten mit dem sogenannten Sekundenstil eine Erzähltechnik, die eine Kopie der Wirklichkeit ermöglichen sollte. Auch kleinste Bewegungen und intimste Empfindungen sollten auf diese Weise minutiös erfasst und nachgebildet werden können. Ihr Ziel war eine objektive Darstellung, die auch das Zufällige, Nebensächliche und Unkontrollierte berücksichtigt.

Am Beispiel eines Auszugs aus den Erzählskizzen „Papa Hamlet" (**Zusatzmaterial 8**, S. 117) können die Schülerinnen und Schüler die Wirkung und die sprachlichen Besonderheiten des Sekundenstils herausarbeiten und erkennen.

▓ Lesen Sie den Textauszug aus „Papa Hamlet" von Arno Holz und Johannes Schlaf (Zusatzmaterial 8) laut vor. Beschreiben Sie seine Wirkung auf die Leser und auf die Hörer.

▓ Untersuchen Sie die sprachliche Gestaltung des Textes und setzen Sie Ihre Erkenntnisse in einen Zusammenhang mit seiner Wirkung.

▓ Informieren Sie sich über den Sekundenstil (Zusatzmaterial 8). Beurteilen Sie, inwiefern der Textauszug aus „Papa Hamlet" das intendierte Ziel des Sekundenstils erreicht.

6.5 Leitmotive und Symbole

In Arthur Schnitzlers „Traumnovelle" lassen sich zahlreiche Dingsymbole – wie zum Beispiel die Maske – und Leitmotive – wie zum Beispiel das Spiel der Hände Fridolins mit denen einer Frau – nachweisen. Zu Leitmotiven werden typische Situationen, Formulierungen und Gegenstände, deren ständige Wiederkehr der Charakterisierung und dem Erinnern dient[1] und die damit eine verbindende, vorausdeutende oder zurückverweisende Funktion erhalten. Die Verwendung von Leitmotiven und Symbolen sind typische Merkmale einer Novelle. Ihre Bedeutung ist im Verlauf der vorausgehend beschriebenen Unterrichtsreihe an verschiedenen Stellen thematisiert und untersucht worden. Um die Ergebnisse nach Abschluss der Lektüre zu systematisieren und zu wiederholen, können die Schülerinnen und Schüler nun die einzelnen Leitmotive noch einmal zusammenfassend vorstellen. In Kleingruppenarbeit beschäftigen sie sich dazu jeweils mit einem Aspekt intensiv. Zur Präsentation ihrer Ergebnisse erstellen sie eine Folie oder einen Tafelanschrieb.

▓ Beschäftigen Sie sich in arbeitsteiliger Gruppenarbeit mit einem der folgenden Leitmotive oder Symbole. Stellen Sie jeweils heraus, in welchen Textzusammenhängen der „Traumnovelle" es auftritt und welche Bedeutung ihm zukommt. Fertigen Sie für Ihre Präsentation eine Folie an oder entwickeln Sie ein Tafelbild.
- Traum
- Augen/Blicke
- Maske
- Krankheit und Tod
- Dunkelheit und Licht
- Spiel der Hände

6.6 Erzählungen der Jahrhundertwende

Abschließend soll eine Einordnung der „Traumnovelle" einerseits in den Kontext des Gesamtwerks Arthur Schnitzlers und andererseits in den Kontext der Dekadenzdichtung der Jahrhundertwende vorgenommen werden. Dieser Arbeitsschritt kann in Form von Schülerreferaten gestaltet werden, in denen ausgewählte Autoren und Werke vorgestellt werden.
Als Ausgangspunkt dient ein Artikel aus einer Literaturgeschichte (**Arbeitsblatt 20**, S. 91), der die Tendenzen der erzählenden Literatur des Fin de Siècle kurz zusammenfasst. Von dieser Grundlage ausgehend wählen die Schülerinnen und Schüler einen Schwerpunkt für ihre Kurzreferate.

---

[1] Vgl. Otto F. Best: Handbuch literarischer Fachbegriffe. Definitionen und Beispiele, Fischer TB, Frankfurt a. M. 1994, S. 308.

■ *Stellen Sie die Haupttendenzen der Epik des Fin de Siècle, wie sie der Artikel aus einer Literaturgeschichte (Arbeitsblatt 20) aufführt, systematisch, etwa in Form einer Mindmap, zusammen.*

■ *Wählen Sie einen Autor oder ein Werk aus, mit dem Sie sich näher beschäftigen wollen. Stellen Sie Ihrer Lerngruppe Ihre Ergebnisse in einem Kurzreferat vor.*

Darüber hinaus eignen sich z. B. Themen und Werke für die Schülerreferate:

- *Leben und Werk Hugo von Hofmannsthals*
- *Hugo von Hofmannsthal: Das Märchen der 672. Nacht*
- *Hugo von Hofmannsthal: Reitergeschichte*
- *Arthur Schnitzler: Leutnant Gustl*
- *Arthur Schnitzer: Der blinde Geronimo und sein Bruder*
- *Arthur Schnitzler: Fräulein Else*
- *Leben und Werk Thomas Manns*
- *Thomas Mann: Tod in Venedig*
- *Thomas Mann: Tonio Kröger*
- *Die Künstlernovelle der Jahrhundertwende*
- *Thomas Mann: Tristan*
- *Heinrich Mann: Pippo Spano*

Alternativ oder ergänzend können einige exemplarische Textauszüge gemeinsam im Unterricht gelesen, untersucht und mit der „Traumnovelle" verglichen werden. Gut geeignet ist etwa ein Ausschnitt aus Hugo von Hofmannsthals „Märchen der 672. Nacht" (**Arbeitsblatt 21**, S. 92). In dieser kurzen Erzählung spiegelt sich im Schicksal der Hauptfigur der soziologische Wandel der Jahrhundertwende wider. Anfangs ist der junge Kaufmannssohn ein Ästhet, der schöngeistig in seiner eigenen Welt lebt, bis ihn die Konfrontation mit den Menschen der Stadt zutiefst verunsichert, ihm jegliche Orientierung raubt und ihn in eine als albtraumhaft empfundene Wirklichkeit zieht. Der Kaufmannssohn stirbt auf grotesk-tragische Weise mit vom Schmerz verzerrten Gesichtszügen. Er ist seiner Welt der Schönheit entrissen und hat die Fratze eines Tieres angenommen. Hugo von Hofmannsthal entlarvt die Schöngeistigkeit seiner Epoche als brüchige Fassade und konfrontiert den Leser mit dem Chaos und der Bedrohung durch die äußeren Umstände und das innere Erleben der Psyche gleichermaßen. Der Text weist mehrere Anknüpfungspunkte auf, die einen Vergleich mit der „Traumnovelle" erlauben: Die Konstruktion einer traumhaften Wirklichkeit, die Bedrohlichkeit der Blicke sowie die Wertlosigkeit des Materiellen für die Beziehung zwischen Menschen. Die Analyse dieses Textes und der Vergleich mit der „Traumnovelle" können auch Gegenstand einer Klausur sein. Soll die Beschäftigung mit Hofmannsthals Text noch vertieft werden, können der Anfang und der Schluss der Erzählung (**Zusatzmaterial 6**, S. 114) dazu herangezogen werden.

■ *Analysieren Sie den Textauszug aus Hugo von Hofmannsthals „Märchen der 672. Nacht" (Arbeitsblatt 21).*

■ *Vergleichen Sie den Textauszug unter inhaltlichen und erzähltechnischen Gesichtspunkten mit Arthur Schnitzlers „Traumnovelle".*

Rainer Maria Rilke lässt in dem fiktiven Tagebuchroman „Die Aufzeichnungen des Malte Laurids Brigge" den Protagonisten seine eigene Wirklichkeitserfahrung schildern und reflektieren. Mehr und mehr lernt Malte das wirkliche Sehen, das ihn unter die Oberfläche der Dinge blicken lässt. Der Textausschnitt (**Arbeitsblatt 22**, S. 94) zeigt dies in eindrücklicher Weise: Aus einer Reflexion über die Gesichter der Menschen ergibt sich ein grausamer Moment der Angst, den „wunden Kopf" einer Frau zu sehen.

Rilke zeigt „das Einsehen des Kaum-Sagbaren, das Zur-Sprache-Bringen eines innersten Geschehens […] in einem persönlich-intimen Medium"[1]. In dieser Hinwendung zur Darstellung der Innenwelt eines Menschen, zu seinen Gedanken, Gefühlen, Wahrnehmungen und Bedürfnissen ähneln sich die künstlerischen Ansätze von Rainer Maria Rilke und von Arthur Schnitzler, der ebenfalls die wahren Gesichter seiner Figuren nach und nach enthüllt und ihnen die Masken der moralisch-bürgerlichen Fassade abnimmt.

■ *Geben Sie Inhalt und Thema des Textausschnitts aus Rainer Maria Rilkes Roman „Die Aufzeichnungen des Malte Laurids Brigge" (Arbeitsblatt 22) kurz mit eigenen Worten wieder.*

■ *Untersuchen Sie die Erzählperspektive und die sprachliche Darstellungsweise des Textausschnitts.*

■ *„Die Landschaften der Seele sind wunderbarer als die Landschaften des gestirnten Himmels: Nicht nur ihre Milchstraßen sind Tausende von Sternen, sondern auch ihre Schattenklüfte, ihre Dunkelheiten sind tausendfaches Leben, Leben, das lichtlos geworden ist durch sein Gedränge, erstickt durch seine Fülle. Und diese Abgründe, in denen das Leben sich selber verschlingt, kann ein Augenblick durchleuchten, entbinden, Milchstraßen aus ihnen machen." (Hugo von Hofmannsthal) – Stellen Sie einen Zusammenhang zwischen dem Textausschnitt aus „Die Aufzeichnungen des Malte Laurids Brigge" und dem Zitat von Hugo von Hofmannsthal her.*

■ *Vergleichen Sie den Textausschnitt aus Rainer Maria Rilkes Roman mit Arthur Schnitzlers „Traumnovelle".*

Der Literaturwissenschaftler und Schriftsteller Burkhard Spinnen empfiehlt die „Traumnovelle" ausdrücklich als Lektüre für Schülerinnen und Schüler (**Arbeitsblatt 23**, S. 95). Im Rahmen der „ZEIT – Schülerbibliothek", eines Lesekanons, den je zwei Schriftsteller, Redakteure, Schüler und Deutschlehrer in den Jahren 2002/2003 gemeinsam aufgestellt haben, wertet Spinnen Schnitzlers Novellen („Fräulein Else", „Traumnovelle" und auch „Leutnant Gustl") „als wunderbare Beispiele dafür, wie im Erzählen das vermeintlich Unsagbare der Psyche erscheinen kann" und als „Meisterwerke in der Erzeugung literarischer Spannung".

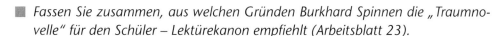

■ *Fassen Sie zusammen, aus welchen Gründen Burkhard Spinnen die „Traumnovelle" für den Schüler – Lektürekanon empfiehlt (Arbeitsblatt 23).*

■ *Schreiben Sie einen fiktiven Brief an Spinnen, in dem Sie aus Ihrer Sicht als Schülerin/Schüler Stellung zu seiner Empfehlung nehmen.*

Alternativ oder ergänzend zu dem letztgenannten Arbeitsauftrag können weitere produktionsorientierte Schreibaufgaben diese Unterrichtsreihe abschließen. Bei der Bearbeitung der folgenden Aufträge können die Schülerinnen und Schüler einerseits ihr erworbenes Wissen noch einmal anwenden und sind andererseits auch zu einer persönlichen Stellungnahme herausgefordert. Die Besprechung der Schülerarbeiten ermöglicht eine kritische Wertung der Novelle auf der Grundlage der fachlichen Arbeit dieser Unterrichtsreihe.
Folgende Arbeitsaufträge, aus denen eine Auswahl getroffen werden sollte, sind geeignet:

---

[1] Joachim W. Storck: Rainer Maria Rilke: Die Aufzeichnungen des Malte Laurids Brigge. In: Hauptwerke der deutschen Literatur Bd. 2, Kindler Verlag, München 1994, S. 210

■ *Schreiben Sie eine eigene Rezension zu Arthur Schnitzlers „Traumnovelle".*

■ *Schreiben Sie einen fiktiven Brief/eine E-Mail an die Richtlinienkommission, die den Lektürekanon für die Oberstufe festlegt. Nehmen Sie darin Stellung zu der Frage, inwieweit Sie die „Traumnovelle" als geeignet für die Arbeit im Deutschunterricht ansehen.*

■ *Eine Rezension urteilt: Schnitzlers „ feine[ ] Beobachtungen, angestellt im Milieu der dekadenten Wiener Oberschicht der vorletzten Jahrhundertwende, sind immer noch zeitgemäß. Die moralische Brüchigkeit des Lebens der upper class, das lasterhafte Treiben hinter ehrbaren Fassaden; das sind Themen, die uns heute noch so fesseln wie vor hundert Jahren." (Anhang zur Textausgabe S. 150, Z. 7 ff.). Nehmen Sie Stellung zu dieser Einschätzung.*

■ *Stellen Sie sich vor, ein Fernsehsender träte an Sie heran und bäte Sie als Gast in eine Literatursendung. Sie sollen den Zuschauern die „Traumnovelle" in wenigen Sätzen vorstellen und ein kritisches Statement dazu abgeben, das mit den weiteren anwesenden Gästen im Folgenden auch diskutiert wird. Bereiten Sie Ihren Auftritt in der Fernsehsendung vor und spielen Sie die Situation im Kurs.*

Notizen

_____

_____

_____

_____

_____

_____

_____

_____

_____

_____

_____

_____

_____

_____

_____

_____

_____

Das Verhältnis von Traum und Wirklichkeit

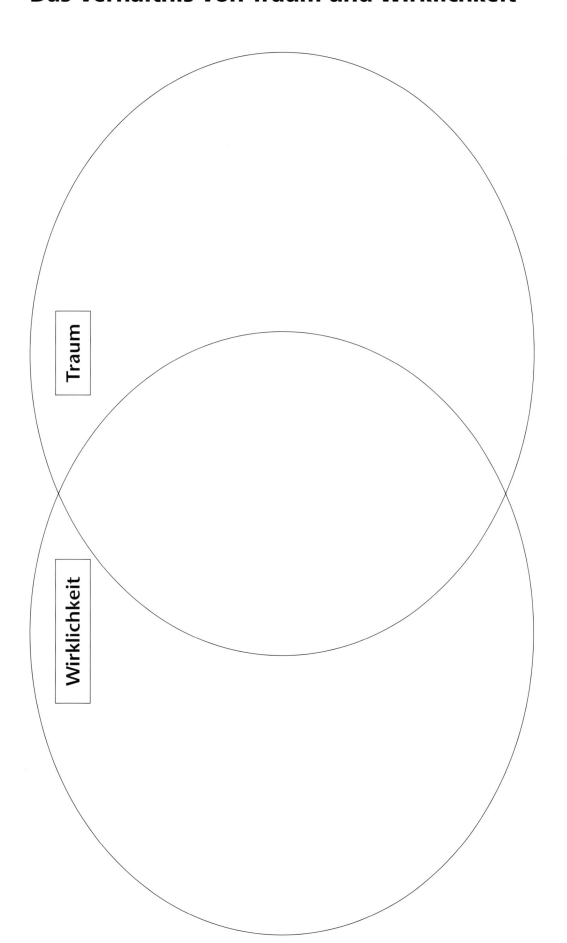

Traum

Wirklichkeit

Stellen Sie das Verhältnis von Wirklichkeit und Traum dar, wie es in Schnitzlers „ Traumnovelle" dargestellt wird. Tragen Sie dazu Stichworte zu beiden Bereichen in die Schnittmengengrafik ein.

Überprüfen Sie Ihr Ergebnis und entscheiden Sie, welcher der Bereiche überwiegt.

Das Verhältnis von Traum und Wirklichkeit
(Lösungsvorschlag)

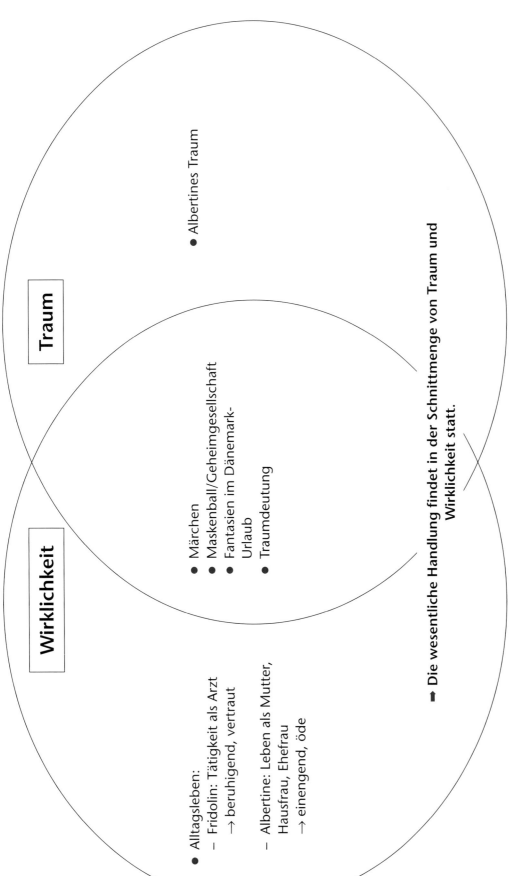

Traum

- Albertines Traum

Wirklichkeit

- Alltagsleben:
  – Fridolin: Tätigkeit als Arzt
    → beruhigend, vertraut
  – Albertine: Leben als Mutter,
    Hausfrau, Ehefrau
    → einengend, öde

- Märchen
- Maskenball/Geheimgesellschaft
- Fantasien im Dänemark-
  Urlaub
- Traumdeutung

→ Die wesentliche Handlung findet in der Schnittmenge von Traum und
   Wirklichkeit statt.

■ *Stellen Sie das Verhältnis von Wirklichkeit und Traum dar, wie es in Schnitzlers „Traumnovelle" dargestellt wird.
Tragen Sie dazu Stichworte zu beiden Bereichen in die Schnittmengengrafik ein.*

■ *Überprüfen Sie Ihr Ergebnis und entscheiden Sie, welcher der Bereiche überwiegt.*

Erzählverhalten

(1) Bis hierher hatte die Kleine laut gelesen; jetzt, beinahe plötzlich, fielen ihr die Augen zu. Die Eltern sahen einander lächelnd an, Fridolin beugte sich zu ihr nieder, küsste sie auf das blonde Haar und klappte das Buch zu, das auf dem noch nicht abgeräumten Tische lag. Das Kind sah auf wie ertappt. S. 7, Z. 6ff.

(2) Und geradeso wie damals fühlte er jetzt sein Herz klopfen. Was ist das, fragte er sich ärgerlich und merkte nun, dass ihm die Knie ein wenig zitterten. Feig –? Unsinn, erwiderte er sich selbst. Soll ich mich mit einem betrunkenen Studenten herstellen, ich, ein Mann von fünfunddreißig Jahren, praktischer Arzt, verheiratet, Vater eines Kindes! – Kontrahenge! Zeugen! Duell! Und am Ende wegen einer solchen dummen Rempelei einen Hieb in den Arm? Und für ein paar Wochen berufsunfähig? S. 24, Z. 12ff.

(3) „Bist gewiss sehr müd", meinte sie. Er nickte. Und sie, während sie sich ohne Hast entkleidete: „Na ja, so ein Mann, was der den ganzen Tag zu tun hat. Da hat's unsereiner leichter." Er merkte, dass ihre Lippen gar nicht geschminkt, sondern von einem natürlichen Rot gefärbt waren, und machte ihr ein Kompliment darüber. „Ja warum soll ich mich denn schminken?", fragte sie. „Was glaubst du denn, wie alt ich bin?" „Zwanzig", riet Fridolin. „Siebzehn", sagte sie […]. S. 26, Z. 28ff.

(4) Wo bin ich?, dachte Fridolin. Unter Irrsinnigen? Unter Verschwörern? Bin ich in die Versammlung irgendeiner religiösen Sekte geraten? War Nachtigall vielleicht beordert, bezahlt, irgendeinen Uneingeweihten mitzubringen, den man zum Besten haben wollte? S. 44, Z. 11ff.

(5) „So fing der Traum nämlich an, dass ich in dieses Zimmer trat, ich weiß nicht woher – wie eine Schauspielerin auf die Szene. Ich wusste nur, dass die Eltern sich auf Reisen befanden und mich allein gelassen hatten. Das wunderte mich, denn morgen sollte unsere Hochzeit sein." S. 59, Z. 7ff.

(6) Der kahle hohe Raum war durch die zwei offenen, etwas heruntergeschraubten Flammen eines zweiarmigen Gaslüsters schwach beleuchtet. Von den zwölf oder vierzehn Leichentischen waren nur die geringere Anzahl belegt. Einige Körper lagen nackt da, über die anderen waren Leinentücher gebreitet. S. 86, Z. 34ff.

▪ *Analysieren Sie die erzählerische Darbietungsform der verschiedenen Textstellen aus der „Traumnovelle": Wer spricht? Der Erzähler oder eine Figur? Auf welche Weise wird dem Leser das Geschehen präsentiert? (Hilfen finden Sie auf dem Zusatzmaterial 2)*

▪ *Deuten Sie Funktion und Wirkung der jeweiligen Darbietungsform für den Inhalt und die Figurengestaltung.*

Innerer Monolog am Beispiel „Leutnant Gustl"

Die Novelle „Leutnant Gustl" von Arthur Schnitzler erschien im Jahr 1900 und provozierte heftige Reaktionen in Kreisen des österreichischen Militärs.

Arthur Schnitzler: Leutnant Gustl (Auszug)

Im Foyer eines Wiener Konzertsaals wird Gustl seiner plumpen Arroganz wegen von einem „satisfaktionsunfähigen" Bäckermeister als „dummer Bub" gescholten. Da dieses Vorkommnis gegen seine Ehre geht, beschließt Gustl, sich gleich am nächsten Tag umzubringen. In der Nacht erfährt er, dass sein Beleidiger plötzlich verstorben ist; Leutnant Gustl sieht sich von der Schmach und der Schande befreit, sodass sein Selbstmord unnötig geworden ist und er wieder wie zuvor in den Tag hineinleben kann.

Wie lang' wird denn das noch dauern? Ich muss auf die Uhr schauen ... schickt sich wahrscheinlich nicht in einem so ernsten Konzert. Aber wer sieht's denn? Wenn's einer sieht, so passt er gerade so wenig auf,
5 wie ich, und vor dem brauch' ich mich nicht zu genieren ... Erst viertel auf zehn? ... Mir kommt vor, ich sitz' schon drei Stunden in dem Konzert. Ich bin's halt nicht gewohnt ... Was ist es denn eigentlich? Ich muß das Programm anschauen ... Ja, richtig: Orato-
10 rium! Ich hab' gemeint: Messe. Solche Sachen gehören doch nur in die Kirche! Die Kirche hat auch das Gute, daß man jeden Augenblick fortgehen kann. – Wenn ich wenigstens einen Ecksitz hätt'! – Also Geduld, Geduld! Auch Oratorien nehmen ein End'!
15 Vielleicht ist es sehr schön, und ich bin nur nicht in der Laune. Woher sollt' mir auch die Laune kommen? Wenn ich denke, daß ich hergekommen bin, um mich zu zerstreuen ... Hätt' ich die Karte lieber dem Benedek geschenkt, dem machen solche Sachen Spaß; er spielt ja selber Violine. Aber da wär' der Ko- 20 petzky beleidigt gewesen. Es war ja sehr lieb von ihm, wenigstens gut gemeint. Ein braver Kerl, der Kopetzky! Der einzige, auf den man sich verlassen kann ... Seine Schwester singt ja mit unter denen da oben. Mindestens hundert Jungfrauen, alle schwarz geklei- 25 det; wie soll ich sie da herausfinden? Weil sie mitsingt, hat er auch das Billett gehabt, der Kopetzky ... Warum ist er denn nicht selber gegangen? – Sie singen übrigens sehr schön. Es ist sehr erhebend – sicher! Bravo! Bravo! ... Ja, applaudieren wir mit. Der neben 30 mir klatscht wie verrückt. Ob's ihm wirklich so gut gefällt? – Das Mädel drüben in der Loge ist sehr hübsch. Sieht sie mich an oder den Herrn dort mit dem blonden Vollbart? ... Ah, ein Solo! Wer ist das? Alt: Fräulein Walker, Sopran: Fräulein Michalek ... das 35 ist wahrscheinlich Sopran ... Lang' war ich schon nicht in der Oper. In der Oper unterhalt' ich mich immer, auch wenn's langweilig ist. Übermorgen könnt' ich eigentlich wieder hineingeh'n, zur ›Traviata‹. Ja, übermorgen bin ich vielleicht schon eine 40 tote Leiche! Ah, Unsinn, das glaub' ich selber nicht! Warten S' nur, Herr Doktor, Ihnen wird's vergeh'n, solche Bemerkungen zu machen! Das Nasenspitzel hau' ich Ihnen herunter ...

Arthur Schnitzler: Lieutenant Gustl. Paderborn: Schöningh Verlag 2009
(Reihe EinFach Deutsch, Textausgabe), S. 7f.

■ *Beschreiben Sie möglichst genau die Besonderheiten des Erzählstils in diesem Ausschnitt der Novelle „Leutnant Gustl".*

■ *Weisen Sie mithilfe der folgenden beiden Definitionen die Merkmale eines inneren Monologs nach.*

Innerer Monolog: unmittelbare Umsetzung des inneren Daseins einer erzählten Figur in Sprache als Wiedergabe von (unausgesprochenen) Gedanken, Vorstellungen, Erinnerungen, Assoziationen durch eine Form der Rede, in der das „Es" des Bewusstseinsstroms selber zu Worte kommt und Zugang zu seelisch-geistigen Tiefenbereichen ermöglicht.

Otto F. Best: Handbuch literarischer Fachbegriffe. Definitionen und Beispiele, Frankfurt am Main: Fischer Verlag 1994, S. 249f.

Innerer Monolog: Er führt eine Figur im stummen, rein gedanklichen Gespräch mit sich selbst vor und zeigt somit ihren Bewusstseinszustand. Der innere Monolog steht im Präsens und in der Ich-Form. Die lückenlose Darstellung der Gedanken bedingt, dass die Erzählzeit länger ist als die erzählte Zeit. Auch kann es zu einer Lockerung oder Auflösung der Syntax kommen.

SMS Abi Deutsch: Berlin: Duden Schulbuchverlag 2008, S. 125

Erzählungen der Jahrhundertwende

Epik

Die Erzählkunst des deutschen Fin de siècle knüpfte in mancher Hinsicht an die realistische Erzähltradition des 19. Jahrhunderts an. Sie interessierte sich aber nur wenig für die soziale Lieblingsthematik der 5 Naturalisten und zog stattdessen vor, das „Verfallsbürgertum" impressionistisch darzustellen und psychologisch zu analysieren. Das Interesse für das Unbewusste und der Wunsch einer unmittelbaren Wiedergabe des Bewusstseinsstromes *(stream of con-* 10 *sciousness)* führtcn dabei zu neuen epischen Techniken wie der Innere Monolog (etwa in Schnitzlers *Leutnant Gustl* und Richard Beer-Hofmanns *Der Tod Georgs,* beide im Jahre 1900 veröffentlicht), wie sie allerdings schon vorher in dänischer (Jens Peter Ja- 15 cobsen), russischer (W. M. Garsin) und französischer (Ed. Dujardin) Literatur entwickelt worden waren. Der von den Naturalisten verpönte historische Roman kehrte im Zuge der Neuromantik wieder, etwa bei Ricarda Huch und in Jakob Wassermanns Roma- 20 nen *Alexander in Babylon* (1905) und *Caspar Hauser* (1908). Den literarischen Durchbruch hatte Wassermann vorher mit dem Roman *Die Juden von Zinzendorf* (1897) erreicht, in dem er zum ersten Mal in die damals aktuelle Diskussion über jüdische Identität 25 eingriff.
Der Schwerpunkt der Epik in dieser Zeit lag allerdings im Bereich der *décadence.* Der scheinbare Realismus der Jugenderzählungen und des großen bürgerlichen Familienromans *Buddenbrooks* von Thomas Mann [...] 30 sollte nicht darüber hinwegtäuschen, dass diese Werke so gut wie die des Bruders Heinrich Mann (s. S. 156) den Geist der Dekadenz atmen und der Problematik dieser Strömung zutiefst verhaftet sind.
Die Welt eines verfeinerten, dem Verfall und dem 35 Untergang gewidmeten Geschlechts wird auch in den „Schlossgeschichten" des baltischen Grafen Eduard von Keyserling (1855–1918) beschworen, und zwar am Beispiel des versinkenden kurländischen und preußischen Adels. Keyserling selbst stand dieser 40 ihm zutiefst vertrauten Welt mit ambivalenten Gefühlen gegenüber: Einerseits sah er die Reize aristokratischen Verfalls, die Noblesse, Verfeinerung und melancholische Sensibilität; andererseits erkannte er die damit verbundene fatale Wirklichkeitsferne und Lebensuntauglichkeit. Mit Liebe und Ironie stellte er 45 die Lebenssehnsucht und das Scheinleben dieser Menschen dar: „Sie waren so vornehm, dass sie kaum leben konnten. Sie starben auch aus", wie es in der Erzählung *Harmonie* (1914) heißt. Im europäischen Kontext gebührt dem Stilkünstler Keyserling ein Platz 50 neben Turgenjew, Tschechow und Herman Bang.
Als ein besonders fruchtbares Milieu für die Erzählkunst der deutschsprachigen Dekadenz erwies sich die verfeinerte Kultur Österreichs um die Jahrhundertwende. Stefan Zweig beschrieb im Exil während 55 der Schreckensjahre des Zweiten Weltkrieges mit einer gewissen Nostalgie diese *Welt von Gestern* (1942). Selbst hatte er am Anfang des Jahrhunderts in technisch vollendeten, psychologischen Novellen zu ihrer literarischen Gestaltung beitragen. Dabei konnte 60 er allerdings schon damals auf dem aufbauen, was vor ihm die älteren Autoren der Literatengruppe Jung-Wien geleistet hatten.
Zu dieser freundschaftlich verbundenen Gruppe gehörten in erster Linie neben Hofmannsthal [...] und 65 Schnitzler [...] Hermann Bahr, Richard Beer-Hofmann und Leopold Ferdinand Freiherr von Andrian-Werburg. Der frühreife Leopold Andrian, von Stefan George und seinem Kreis bewundert, erregte vor allem durch die lyrische Märchennovelle *Der Garten der Er-* 70 *kenntnis* (1895) Aufmerksamkeit. In dieser Novelle sucht ein junger Adliger vergeblich nach Erkenntnis, ohne das Leben selbst zu erfahren. Bedeutender, sowohl in der Darstellung des Ästhetizismus und der Dekadenz als auch in der Darstellung ihrer Überwin- 75 dung, war Richard Beer-Hofmann mit dem Roman *Der Tod Georgs* aus dem Jahre 1900. Durch Traum und Mythos führt hier der Weg der Hauptperson, bis es ihr schließlich gelingt, die narzisstische Vereinzelung zu überwinden und zur Verbundenheit mit den Ahnen 80 zu gelangen. Die Hinwendung zum Mythos und zur Vergangenheit deutet auf Beer-Hofmanns späteres Bekenntnis zur jüdischen Tradition hin.

Aus: Bengt Algot Sorensen (Hg.): Geschichte der deutschen Literatur. Band II: Vom 19. Jahrhundert bis zur Gegenwart. Beck'sche Reihe. München: C. H. Beck 1997, S. 137 ff.

■ *Stellen Sie die Haupttendenzen der Epik des Fin de Siècle, wie sie dieser Artikel aus einer Literaturgeschichte aufführt, systematisch, etwa in Form einer Mindmap, zusammen.*

■ *Wählen Sie einen Autor oder ein Werk aus, mit dem Sie sich näher beschäftigen wollen. Stellen Sie Ihrer Lerngruppe Ihre Ergebnisse in einem Kurzreferat vor.*

Hugo von Hofmannsthal: Das Märchen der 672. Nacht
(Auszug)

Das Märchen der 672. Nacht des österreichischen Schriftstellers Hugo von Hofmannsthal (1874–1929) erschien erstmals im November 1895. Es „ist in zwei Teile gegliedert: Der erste Teil schildert das Leben eines jungen, reichen und schönen Kaufmannssohnes, der die Eltern verloren und sich vom Umgang mit anderen Menschen zurückgezogen hat, um als mystischer Ästhet sich der Betrachtung der schönen Dinge zu widmen, mit denen er sich umgeben hat, und der doch ein Gefühl der Leere nicht unterdrücken kann. Er denkt oft an seinen Tod, den er in romantischer Weise als Erfüllung seines Lebens sieht […] Im zweiten Teil wird der Kaufmannssohn aus seiner Zurückgezogenheit heraus auf einen verschlungenen Pfad zu einem gemeinen Tod gelockt."[1]
Um einem Brief mit anonymen Beschuldigungen gegen seinen Diener auf den Grund zu gehen, reist der Kaufmannssohn in die Stadt. Dort kauft er Schmuck, den er im Schaufenster eines Juweliers gesehen hat. Aus dem Laden heraus entdeckt er einen besonders schönen Garten mit zwei Gewächshäusern, den er gerne besichtigen möchte. Der Juwelier verschafft ihm Zutritt, da der Besitzer, sein Nachbar, nicht anwesend ist.

Der Kaufmannssohn ging sogleich längs der Mauer zu dem näheren Glashaus, trat ein und fand eine solche Fülle seltener und merkwürdiger Narzissen und Anemonen und so seltsames, ihm völlig unbe-
5 kanntes Blattwerk, dass er sich lange nicht sattsehen konnte. Endlich aber schaute er auf und gewahrte, dass die Sonne ganz, ohne dass er es beachtet hatte, hinter den Häusern untergegangen war. Jetzt wollte er nicht länger in einem fremden, unbewachten Gar-
10 ten bleiben, sondern nur von außen einen Blick durch die Scheiben des zweiten Treibhauses werfen und dann fortgehen. Wie er so spähend an den Glaswänden des zweiten langsam vorüberging, erschrak er plötzlich sehr heftig und fuhr zurück. Denn ein
15 Mensch hatte sein Gesicht an den Scheiben und schaute ihn an. Nach einem Augenblick beruhigte er sich und wurde sich bewusst, dass es ein Kind war, ein höchstens vierjähriges, kleines Mädchen, dessen weißes Kleid und blasses Gesicht gegen die Scheiben
20 gedrückt waren. Aber als er jetzt näher hinsah, erschrak er abermals, mit einer unangenehmen Emp-

findung des Grauens im Nacken und einem leisen Zusammenschnüren in der Kehle und tiefer in der Brust. Denn das Kind, das ihn regungslos und böse ansah, glich in einer unbegreiflichen Weise dem fünf- 25 zehnjährigen Mädchen, das er in seinem Hause hatte. Alles war gleich, die lichten Augenbrauen, die feinen, bebenden Nasenflügel, die dünnen Lippen; wie die andere zog auch das Kind eine der Schultern etwas in die Höhe. Alles war gleich, nur dass in dem Kind das 30 alles einen Ausdruck gab, der ihm Entsetzen verursachte. Er wusste nicht, wovor er so namenlose Furcht empfand. Er wusste nur, dass er es nicht ertragen werde, sich umzudrehen und zu wissen, dass dieses Gesicht hinter ihm durch die Scheiben starrte. 35
In seiner Angst ging er sehr schnell auf die Tür des Glashauses zu, um hineinzugehen; die Tür war zu, von außen verriegelt; hastig bückte er sich nach dem Riegel, der sehr tief war, stieß ihn so heftig zurück, dass er sich ein Glied des kleinen Fingers schmerzlich 40 zerrte, und ging, fast laufend, auf das Kind zu. Das Kind ging ihm entgegen und, ohne ein Wort zu reden, stemmte es sich gegen seine Knie, und suchte mit seinen schwachen kleinen Händen ihn hinauszudrängen. Er hatte Mühe, es nicht zu treten. Aber 45 seine Angst minderte sich in der Nähe. Er beugte sich über das Gesicht des Kindes, das ganz blass war und dessen Augen vor Zorn und Hass bebten, während die kleinen Zähne des Unterkiefers sich mit unheimlicher Wut in die Oberlippe drückten. Seine Angst 50 verging für einen Augenblick, als er dem Mädchen die kurzen, feinen Haare streichelte. Aber augenblicklich erinnerte er sich an das Haar des Mädchens in seinem Hause, das er einmal berührt hatte, als sie totenblass, mit geschlossenen Augen, in ihrem Bette 55 lag, und gleich lief ihm wieder ein Schauer den Rücken hinab und seine Hände fuhren zurück. Sie hatte es aufgegeben, ihn wegdrängen zu wollen. Sie trat ein paar Schritte zurück und schaute gerade vor sich hin. Fast unerträglich wurde ihm der Anblick des 60 schwachen, in einem weißen Kleidchen steckenden Puppenkörpers und des verachtungsvollen, grauenhaften, blassen Kindergesichtes. Er war so erfüllt mit Grauen, dass er einen Stich in den Schläfen und in der Kehle empfing, als seine Hand in der Tasche an 65 etwas Kaltes streifte. Es waren ein paar Silbermünzen. Er nahm sie heraus, beugte sich zu dem Kinde nieder und gab sie ihm, weil sie glänzten und klirrten. Das Kind nahm sie und ließ sie ihm vor den Füßen niederfallen, dass sie in einer Spalte des auf einem Rost 70 von Brettern ruhenden Bodens verschwanden. Dann kehrte es ihm den Rücken und ging langsam fort. Eine Weile stand er regungslos und hatte Herzklopfen

---

[1] Margaret Jacobs, zitiert nach: Klappentext der Ausgabe des Fischer Taschenbuch Verlags, Frankfurt 1973

vor Angst, dass es wiederkommen werde und von
75 außen auf ihn durch die Scheiben schauen. Jetzt hätte er gleich fortgehen mögen, aber es war besser, eine
Weile vergehen zu lassen, damit das Kind aus dem
Garten fortginge. Jetzt war es in dem Glashause schon
nicht mehr ganz hell und die Formen der Pflanzen
80 fingen an, sonderbar zu werden. In einiger Entfernung traten aus dem Halbdunkel schwarze, sinnlos
drohende Zweige unangenehm hervor und dahinter
schimmerte es weiß, als wenn das Kind dort stünde.
Auf einem Brette standen in einer Reihe irdene Töp-
85 fe mit Wachsblumen. Um eine kleine Zeit zu übertäu-
ben, zählte er die Blüten, die in ihrer Starre leben-
digen Blumen unähnlich waren und etwas von
Masken hatten, heimtückischen Masken mit zuge-
wachsenen Augenlöchern. Als er fertig war, ging er
90 zur Türe und wollte hinaus. Die Tür gab nicht nach;
das Kind hatte sie von außen verriegelt. Er wollte
schreien, aber er fürchtete sich vor seiner eigenen
Stimme. Er schlug mit den Fäusten an die Scheiben.

Der Garten und das Haus blieben totenstill. Nur hinter ihm glitt etwas raschelnd durch die Sträucher. Er 95
sagte sich, dass es Blätter waren, die sich durch die
Erschütterung der dumpfen Luft abgetrennt hatten
und niederfielen. Trotzdem hielt er mit dem Klopfen
inne und bohrte die Blicke durch das halbdunkle
Gewirr der Bäume und Ranken. Da sah er in der däm- 100
merigen Hinterwand etwas wie ein Viereck dunkler
Linien. Er kroch hin, jetzt schon unbekümmert, dass
er viele irdene Gartentöpfe zertrat und die hohen
dünnen Stämme und rauschenden Fächerkronen
über und hinter ihm gespenstisch zusammenstürz- 105
ten. Das Viereck dunkler Linien war der Ausschnitt
einer Tür und sie gab dem Drucke nach. Die freie Luft
ging über sein Gesicht; hinter sich hörte er die zer-
knickten Stämme und niedergedrückten Blätter wie
nach einem Gewitter sich leise raschelnd erheben. 110

Aus: Hugo von Hofmannsthal: Das Märchen der 672. Nacht. Reitergeschichte.
Das Erlebnis des Marshalls von Bassompierre. Frankfurt am Main: Fischer Taschenbuch Verlag 1973, S. 21 ff.

■ *Analysieren Sie den Textauszug aus Hugo von Hofmannsthals Märchen der 672. Nacht.*

■ *Vergleichen Sie den Textauszug unter inhaltlichen und erzähltechnischen Gesichtspunkten mit Arthur Schnitzlers „Traumnovelle".*

Rainer Maria Rilke: Die Aufzeichnungen des Malte Laurids Brigge (Auszug)

Rainer Maria Rilke lässt in dem fiktiven Tagebuchroman „Die Aufzeichnungen des Malte Laurids Brigge" (1910) den Protagonisten seine eigene Wirklichkeitserfahrung schildern und reflektieren. Mehr und mehr lernt Malte das wirkliche Sehen, das ihn unter die Oberfläche der Dinge blicken lässt.

[...]
Habe ich es schon gesagt? Ich lerne sehen. Ja, ich fange an. Es geht noch schlecht. Aber ich will meine Zeit ausnutzen.

5 Dass es mir zum Beispiel niemals zum Bewusstsein gekommen ist, wie viele Gesichter es gibt. Es gibt eine Menge Menschen, aber noch viel mehr Gesichter, denn jeder hat mehrere. Da sind Leute, die tragen ein Gesicht jahrelang, natürlich nutzt es sich 10 ab, es wird schmutzig, es bricht in den Falten, es weitet sich aus wie Handschuhe, die man auf der Reise getragen hat. Das sind sparsame, einfache Leute; sie wechseln es nicht, sie lassen es nicht einmal reinigen. Es sei gut genug, behaupten sie, und wer 15 kann ihnen das Gegenteil nachweisen? Nun fragt es sich freilich, da sie mehrere Gesichter haben, was tun mit den anderen? Sie heben sie auf. Ihre Kinder sollen sie tragen. Aber es kommt auch vor, dass ihre Hunde damit ausgehen. Weshalb auch nicht? Gesicht ist Gesicht. Andere Leute setzen unheimlich schnell ihre 20

Gesichter auf, eins nach dem anderen, und tragen sie ab. Es scheint ihnen zuerst, sie hätten für immer, aber sie sind kaum vierzig; da ist schon das letzte. Das hat natürlich seine Tragik. Sie sind nicht gewohnt, Gesichter zu schonen, ihr letztes ist in acht Tagen durch, 25 hat Löcher, ist an vielen Stellen dünn wie Papier, und da kommt dann nach und nach die Unterlage heraus, das Nichtgesicht, und sie gehen damit herum.
Aber die Frau, die Frau: Sie war ganz in sich hineingefallen, vornüber in ihre Hände. Es war an der Ecke 30 rue Notre-Dame-des-Champs. Ich fing an, leise zu gehen, sowie ich sie gesehen hatte. Wenn arme Leute nachdenken, soll man sie nicht stören. Vielleicht fällt es ihnen doch ein.
Die Straße war zu leer, ihre Leere langweilte sich und 35 zog den Schritt unter den Füßen weg und klappte mit ihm herum, drüben und stand da, wie mit einem Holzschuh. Die Frau erschrak und hob sich aus sich ab, zu schnell, zu heftig, sodass das Gesicht in den zwei Händen blieb. Ich konnte es darin liegen sehen, 40 seine hohle Form. Es kostete mich unbeschreibliche Anstrengung, bei diesen Händen zu bleiben und nicht zu schauen, was sich aus ihnen abgerissen hatte. Mir graute, ein Gesicht von innen zu sehen, aber ich fürchtete mich doch noch viel mehr vor dem 45 bloßen wunden Kopf ohne Gesicht.
[...]

Aus: Rainer Maria Rilke: Werke. Frankfurt am Main: Insel Verlag 1986

- Geben Sie Inhalt und Thema des Textausschnitts aus Rainer Maria Rilkes Roman „Die Aufzeichnungen des Malte Laurids Brigge" kurz mit eigenen Worten wieder.

- Untersuchen Sie die Erzählperspektive und die sprachliche Darstellungsweise des Textausschnitts.

- „Die Landschaften der Seele sind wunderbarer als die Landschaften des gestirnten Himmels: Nicht nur ihre Milchstraßen sind Tausende von Sternen, sondern auch ihre Schattenklüfte, ihre Dunkelheiten sind tausendfaches Leben, Leben, das lichtlos geworden ist durch sein Gedränge, erstickt durch seine Fülle. Und diese Abgründe, in denen das Leben sich selber verschlingt, kann ein Augenblick durchleuchten, entbinden, Milchstraßen aus ihnen machen." (Hugo von Hofmannsthal) – Stellen Sie einen Zusammenhang zwischen dem Textausschnitt aus „Die Aufzeichnungen des Malte Laurids Brigge" und dem Zitat von Hugo von Hofmannsthal her.

- Vergleichen Sie den Textausschnitt mit Arthur Schnitzlers „Traumnovelle".

Leseempfehlung für Schülerinnen und Schüler

Die Wochenzeitung „Die ZEIT" hat in den Jahren 2002/03 unter dem Titel ZEIT-Schülerbibliothek einen Lektürekanon von 50 Werken aufgestellt. Die Auswahl haben je zwei Schüler, zwei Deutschlehrer, zwei Schriftsteller und zwei Redakteure getroffen. Der Literaturwissenschaftler und Schriftsteller Burkhard Spinnen begründet im Folgenden, warum er die Erzählungen Schnitzlers empfiehlt:

Auf fremdem, dunklem Terrain

Ich weiß. Wer darangeht, Schnitzler zu empfehlen (für einen Kanon zumal), dem rutscht gleich ein anderer, vermeintlich noch etwas größerer Name über die Zunge: Freud. Und ich bin froh, dass es gleich
5 heraus ist; denn tatsächlich haben die beiden, der Psychologe und der Autor, nicht nur zur gleichen Zeit und am gleichen Ort gelebt, sie haben auch beide ein Terrain erkundet, das damals noch fremd und dunkel schien: die menschliche Seele, das Unterbewusste,
10 das Unbewusste. Freud selbst hat einmal gesagt, Schnitzler habe in seinen literarischen Studien die gleichen Erkenntnisse gewonnen wie er in seinen klinischen.
Doch da dies jetzt gesagt ist, bitte ich es gleich wieder
15 zu vergessen, mag es auch stimmen. Denn die menschliche Seele, das Unter- sowie das Unbewusste sind längst keine unbetretenen Orte mehr. Im Gegenteil: Es sind Gemeinplätze; alles Psychologische ist längst so sehr Teil unseres Alltagsbewusstseins gewor-
20 den, dass man es wirklich nicht mehr als etwas irgendwie Besonderes wahrnimmt. Und daher wollte ich junge Leser auch nicht mit Texten behelligen, in denen sie bloß nachlesen sollen, wie man sich vor hundert Jahren auf den Weg nach innen gemacht
25 hat. Das wäre nicht Grund genug für eine Empfehlung.
Nein, ich möchte Arthur Schnitzlers *Erzählungen* viel lieber als Meisterwerke ihrer Gattung empfehlen. Das heißt: Über alles andere schätze ich an den Texten
30 ihre Fähigkeit, das Relevante eben nicht durch explizite Deutung, sondern im und durchs Erzählen entstehen zu lassen. Tatsächlich ist der „Psychologe" Schnitzler eben keiner, der Gutachten anfertigt; das Psychologische seiner Figuren erscheint vielmehr in
35 ihren sozialen Konstellationen und der Art, wie sie darin agieren und reden.
Ein Bild dafür? Gut. Stellen Sie sich vor, Sie gehen an einem Tisch vorbei, an dem Schach gespielt wird. Sie werfen einen Blick auf das Brett. Interessieren Sie sich
40 für die handwerkliche Ausführung der Schachfi-

guren? Nein, natürlich nicht; solche „Individualität" ist ihnen schnuppe. Aber dann sehen Sie eine unerhörte Konstellation. Und Sie denken: Hoppla! Ein Läufer ohne Puste. Eine Dame mit zu vielen Möglich-
45 keiten. Ein König auf der Flucht. Ein Turm vor dem Fall. Prompt haben die Figuren Geschichte, Charakter, Individualität. Und Sie fragen sich: Wie hat es dazu kommen können? Und: Was wird jetzt geschehen, wie geht es aus?
So sind auch Schnitzlers *Erzählungen.* In der *Traum-*
50 *novelle* gerät ein junger, gut situierter Arzt, Ehemann und Vater, von jetzt auf nun in lauter unerhörte, in ihrer Fremdheit und Bedrohlichkeit sich steigernde Konstellationen. Immer steht er einer Frau gegenüber; immer ist da ein Nebeneinander von Ableh-
55 nung und Begehren, immer ist es rätselhaft. War das nun eine abenteuerliche Nacht oder die Allegorie einer psychischen Verwirrung? Aber nein, der Text unternimmt keine Deutung, er lässt nur am nächsten Tag den jungen Arzt all das unternehmen, was eben
60 keine Deutung der Ereignisse einträgt. Ob und wie er aus seiner existenziellen Verwirrung zurückfinden kann, wird nicht vom Text erwogen oder gar entschieden, sondern erweist sich im Gange der Handlung. Das ist große Kunst.
65
Und Schnitzler hat noch ein ganz besonderes Kunststück fertiggebracht. Die beiden bekanntesten Texte der deutschsprachigen Literatur, die als „innere Monologe" geschrieben sind, stammen von ihm: *Leutnant Gustl* und *Fräulein Else.* Kann es, möchte man
70 fragen, etwas „Psychologischeres" geben als das Protokoll der Gedanken, die Menschen sich machen, wenn sie in die größte Krise ihre Lebens geraten? Doch wohl nicht. Aber wieder nein; auch *Gustl* und *Else* sind im Wesentlichen Erzählungen: Denn es sind
75 die Versuche der Figuren, sich im Erzählen ihrer selbst Konturen zu geben. Beim *Gustl* erweist sich diese Kontur als Abklatsch der Konvention; sein Vor-sich-hin-Denken ist der Beleg dafür, dass auch die Seele im Jargon sprechen und noch das Innerste geborgt
80 sein kann.
Bei *Else* ist es etwas anders, aber ähnlich. Jemand will, dass sie sich vor ihm nackt zeigt, dann wird er ihren Vater aus einer furchtbaren Misere retten. Else versucht nun, sich diese unerhörte Konstellation, in die
85 sie geraten ist, zurechtzusprechen. Sie muss den nächsten Zug machen, er ist entscheidend. Doch wie Fontanes *Effi* (deren Enkelin sie schon fast sein könnte), ist sie nichts, das sich als Ganzes bewegen könnte. Else ist vielmehr ein Konglomerat[1] aus den
90

---

[1] Gemisch

kleinen Entwürfen, die sie bislang von sich gemacht hat. Die erzählt sie sich jetzt, zählt sie sich auf; doch das ergibt fatalerweise nicht genug an Identität, um, zum Beispiel, nein zu sagen. Sie bringt es eben noch
95 fertig, einen Zug zu machen, der nicht in den Regeln steht: Sie zeigt sich nackt – aber allen. Damit hat sie das böse Spiel zwar zerstört, doch sie wird es nicht überleben.

Schnitzlers *Erzählungen* also empfehle ich als wunderbare Beispiele dafür, wie im Erzählen das vermeint- 100 lich Unsagbare der Psyche erscheinen kann. Und etwas verstohlen füge ich hinzu, dass sie auch Meisterwerke in der Erzeugung literarischer Spannung sind.

Burkhard Spinnen in: DIE ZEIT-Schülerbibliothek (43), ZEIT Nr. 37, 4.9.2003

▨ Fassen Sie zusammen, aus welchen Gründen Burkhard Spinnen die „Traumnovelle" für den Schüler-Lektürekanon empfiehlt.

▨ Schreiben Sie einen fiktiven Brief an Spinnen, in dem Sie aus Ihrer Sicht als Schülerin/Schüler Stellung zu seiner Empfehlung nehmen.

Baustein 7

Eyes Wide Shut

7.1 Die Handlung des Films und der „Traumnovelle" im Vergleich

Der Film „Eyes Wide Shut" aus dem Jahr 1999 ist das letzte vollendete Werk des im gleichen Jahr verstorbenen Regisseurs Stanley Kubrick. Er versetzt die Handlung von Schnitzlers „Traumnovelle" ins New York des 20. Jahrhunderts. Entsprechend nimmt Kubrick einige Änderungen des Handlungsverlaufs und der Motivik vor.

Der Film gilt als „Erotikdrama" und ist in der Kritik nicht unumstritten. Während in den USA nur eine zensierte Version in die Kinos kam, verruft die deutsche Kritik den Film zum Teil gar als langweilig. Inwieweit sich „Eyes Wide Shut" für den Einsatz im Deutschunterricht eignet, möge jede/r Lehrer/in selbst entscheiden.

Dieser Unterrichtsbaustein steht nicht unter dem Anspruch, eine umfassende Filmanalyse zu leisten. Vielmehr soll Kubricks Versuch der Übertragung der Novelle in die Gegenwart kritisch gewürdigt werden. Anhand einiger Filmszenen sollen darüber hinaus Grundlagen der Filmanalyse exemplarisch eingeübt werden.

Wenn der Film zunächst erst einmal in ganzer Länge vorgeführt werden soll, erhalten die Schülerinnen und Schüler als Beobachtungsauftrag, sich während der Filmvorführung Notizen zu den wesentlichen Abweichungen von der literarischen Vorlage zu machen. Sie werden feststellen, dass einige Szenen, etwa die Geständnisse, die Albertine/Alice macht, sehr vorlagengetreu umgesetzt worden sind. Andere Teile wie zum Beispiel die Eingangssequenz weisen recht deutliche Abweichungen von der literarischen Vorlage auf.

■ *Stellen Sie die wesentlichen Änderungen, die der Film im Vergleich zur Novelle vornimmt, zusammen.*

Während Schnitzler in der Exposition durch den Bezug auf ein Märchen, die Nacht/den Schlaf und die Erinnerung an den vergangenen Maskenball eine Atmosphäre an der Grenze der Realität aufbaut, setzt der Film noch vor dem Ball (hier ein Weihnachtsfest) ein. Die erste Szene zeigt Alice nackt von hinten, wie sie sich ihr Ballkleid anzieht. Der Zuschauer wird hier unmittelbar zum Voyeur, der die Hauptfigur in einem privaten Moment überrascht. Während Schnitzler die Verwischung von Wirklichkeit und Traum programmatisch in das Zentrum seiner Novelle stellt, beginnt Kubrick mit den Motiven des Schauens, der – körperlichen und seelischen - Nacktheit und der Sexualität. Dementsprechend ist auch die Schlussszene (**Arbeitsblatt 24**, S. 102) dahingehend abgewandelt, dass im Film die sexuelle Komponente viel plakativer zugleich als Auslöser und Lösung des Konflikts gesehen wird. Arthur Schnitzlers Auseinandersetzung mit der Psyche seiner Hauptfiguren und seine Überlegungen zur Bewusstseinsstruktur des Menschen werden von Kubrick auf das Körperliche reduziert.

■ *Untersuchen Sie differenziert die Anfangsszene der Novelle und des Films. Stellen Sie vergleichend heraus, wie die hier dargestellten Themen und Motive programmatisch die gesamte Handlung prägen.*

■ *Vergleichen Sie die Schlussszenen der Novelle und des Films (Arbeitsblatt 24) miteinander.*

Eine weitere deutliche Abänderung der literarischen Vorlage nimmt Kubrick vor, indem er zusätzliche Figuren, die bei Schnitzler nicht vorkommen, hinzufügt, so vor allem Victor Ziegler, der bei den zentralen Ereignissen der Handlung anwesend ist: Er ist der Gastgeber des Weihnachtsballs, der Auftraggeber Nightingales und ein Teilnehmer der Orgie der Maskierten. Er ist es auch, der am Ende die Handlung aufklärt und die Leerstellen des Schnitzler'schen Werks füllt. Fridolin denkt in der „Traumnovelle" zwar darüber nach, ob der geheimnisvolle Maskenball als Mutprobe für ihn inszeniert gewesen sein könnte, jedoch erscheint diese Erklärung als nicht logisch, da er sich den Zutritt auf eigene Initiative hin von Nachtigall erschlichen hat und ein verbindendes Element wie Victor Ziegler fehlt. In „Eyes Wide Shut" hingegen erklärt dieser die Ereignisse des Vorabends als „inszeniert", „Farce" und „Schwindel" und identifiziert auch die Leiche in der Pathologie als die drogensüchtige Ex-Schönheitskönigin Mandy.

■ *Untersuchen Sie die Rolle des Victor Ziegler in „Eyes Wide Shut" und stellen Sie heraus, welche Funktion ihm für den Handlungsverlauf zukommt.*

■ *Diskutieren Sie, welche der Änderungen, die der Film vornimmt, Sie aufgrund ihrer Kenntnisse der „Traumnovelle" für gelungen halten und welche nicht.*

■ *Bedenken Sie mögliche Gründe für die Änderungen.*

7.2 Analyse filmsprachlicher Mittel

Im Folgenden finden sich einige Vorschläge zur Untersuchung exemplarischer Filmszenen auf ihre besonderen Gestaltungsmittel hin. Die einzelnen Aspekte können den Schülerinnen und Schülern als Beobachtungsaufträge an die Hand gegeben werden. Es bietet sich an, hier in arbeitsteiliger Gruppenarbeit vorzugehen, damit sich die Schülerinnen und Schüler auf ihren Aspekt konzentrieren können. Sie machen sich während des Films Notizen, werten ihre Beobachtungen im Gruppengespräch aus und präsentieren anschließend ihre Ergebnisse dem Kurs. Dabei sollten sie ihre Ausführungen an besonders aussagekräftigen Filmszenen belegen. Eine Übersicht über grundlegende Fragen, die sich die Filmanalyse zu stellen hat, findet sich auf dem **Arbeitsblatt 25**, S. 103. Da Stanley Kubrick als Regisseur dafür bekannt war, seine Vorstellungen akribisch, ja pedantisch umzusetzen, ist in der Gestaltung des Films kaum etwas dem Zufall überlassen. Er bietet somit mehr als genug Stoff für eine detaillierte Analyse, von der hier nur einige Aspekte angerissen werden können.

Für den Fall, dass die Filmanalyse einen breiteren Raum im Unterricht einnehmen soll, findet sich als **Zusatzmaterial 9**, S. 119, eine Übersicht über wichtige Fachbegriffe. Darüber hinaus bietet auch das Internet vielfältiges Material (wie zum Beispiel ein sehr ausführliches Glossar filmsprachlicher Mittel auf http://www.horn-netz.de/seminare/filmanalyse/index.php (Aufruf 4/2009).

Zunächst ist die auffällige Farbgestaltung des Films zu nennen, in der vor allem die Farben Rot und Blau dominieren. Die Wohnung von Bill und Alice ist mit vielen roten Gegenständen ausgestattet. Besonders ins Auge fallen die Vorhänge und das Bett. Der Blick durch das Fenster nach draußen oder vom Schlafzimmer in die Küche ist dagegen in einem fast knalligen Blau gehalten. Der Kontrast zwischen der Außenwelt des Alltags, der Tagwelt, und der erotischen Welt der Fantasien des Paares, der Nacht- beziehungsweise Traumwelt, wird hier sinnfällig. Die Farbgestaltung ist auch an weiteren Elementen zu erkennen: So leuchtet zum Beispiel der Eingang zur Bar, in der Bill seinen alten Bekannten Nightingale trifft, rot, ebenso wie der Boden und das Gewand des Hauptzelebranten in der Geheimgesellschaft. Interessanterweise trägt die Prostituierte Domino ein violettes Kleid und wird damit nicht klar auf die Seite der Erotik gestellt, obgleich die Eingangstür zu ihrer Wohnung ebenfalls rot ist.

Schon als sie sich den Mantel auszieht, ist also erkennbar, dass Bill keinen Verkehr mit ihr haben wird. Das Geschäft des Kostümverleihers ist bei Kubrick ebenso wie bei Schnitzler eine Art „Niemandsland" – es trägt den Namen „Rainbow" und entzieht sich damit einer eindeutigen Zuordnung.

Eine weitere Leitfarbe ist Schwarz. Es ist die Farbe der Abendkleidung von Alice und Bill und die Farbe der Kutten auf dem Maskenball.

■ *Beobachten und deuten Sie Besonderheiten der Farbgestaltung des Films.*

Die Filmmusik ist leitmotivisch bestimmten Situationen zugeordnet. Am Beispiel einer Sequenz mit einem relativ schnellen Szenenwechsel ist dieser Zusammenhang gut erkennbar: Während der Weihnachtsball mit Tanzmusik der Band, in der Nightingale Pianist ist, unterlegt ist, wechselt sie etwa bei Filmminute 19 in ein Jazz-Rock-Stück, das eine Szene unterlegt, in der Bill und Alice sich heftig küssen und verführen. Kurz darauf wird zum Alltagsleben der beiden übergeblendet und gezeigt, wie Bill als Arzt und Alice als Mutter tätig ist. Entsprechend findet auch hier ein Wechsel der Musik statt. Die Namen der Musiktitel sind gleichermaßen aussagekräftig: „When I fall in love" (Ball) wechselt zu „Baby did a bad thing" (Verführung).

Die Musik, die später den Ball der geheimnisvollen Villa untermalt, ist sphärisch bis orientalisch in einer unverständlichen Sprache. Wie sehr die Mystik der Situation durch die Klänge verstärkt wird, lässt sich gut feststellen, wenn Bild und Ton einmal getrennt voneinander präsentiert werden. Die Schülerinnen und Schüler hören nur die Musik und beschreiben anschließend die aufkommende Stimmung. Oder aber sie erkennen den Effekt, den das Unterlegen einer Filmsequenz mit Musik hat, indem sie eine Szene versuchsweise mit Musik einer völlig anderen Stilrichtung unterlegen und beobachten, wie sich dadurch die Atmosphäre ändert.

■ *Beobachten und deuten Sie Besonderheiten der Filmmusik.*

Stanley Kubrick hat die Handlung in die Weihnachtszeit verlegt und an nahezu jeden Handlungsort einen grellbunt geschmückten Tannenbaum gestellt, der als Symbol einer bürgerlich-familiären Welt gedeutet werden kann. Die inflationäre Verwendung dieser Requisite entlarvt dessen Fassadenhaftigkeit.

Den Aufnahmen in den Straßenschluchten New Yorks stehen die Innenaufnahmen gegenüber. Die Räume geben dabei eine besondere Atmosphäre vor: Domino (Mizzi) lebt in einem kleinen, unordentlichen und schmucklosen Appartment, während Marion (Marianne) in einer Wohnung mit unzähligen verschlossenen Türen wohnt, die mit Antiquitäten eingerichtet ist und damit zur eher verschlossen und konservativ wirkenden Marianne passt. Beide Behausungen spiegeln das Leben und die innere Verfasstheit ihrer Bewohner wider.

■ *Beobachten und deuten Sie Besonderheiten der Raumgestaltung des Films.*

Die Kameraführung wechselt zwischen langen statischen Einstellungen und Kamerafahrten, die die Bewegungen der Darsteller verfolgen. In den Gesprächsszenen zwischen Alice und Bill wird der Sprechende von der Kamera unbarmherzig in den Blick genommen. Das Auge des Zuschauers hat kaum Gelegenheit, Ablenkung zu finden, sodass seine ganze Aufmerksamkeit auf das Gesagte gelenkt wird. Anders in den Szenen der beiden Bälle: Die kreisenden Bewegungen des Tanzes von Alice und ihrem Verehrer Sandor Szavost auf dem Weihnachtsball werden von der Kamera mitgemacht, sodass dem Zuschauer fast ebenso schwindlig wird wie Alice. Einen ähnlichen Effekt hat die Kameraführung in der Szene, als Bill staunend durch die Gänge und Räume der geheimnisvollen Villa läuft und dem orgiastischen Treiben der Paare zusieht. Die Kamera ahmt das Schweifen seines Blickes nach und zelebriert seine Schaulust.

Beobachten und deuten Sie Besonderheiten der Kameraführung des Films.

7.3 Rezeption

Die Beurteilungen von „Eyes Wide Shut" in der deutschen Filmkritik sind disparat und bewegen sich zwischen großem Lob und Verriss. Bevor sich die Schülerinnen und Schüler mit zwei unterschiedlichen Beispielen beschäftigen, erhalten sie zunächst eine Zusammenstellung von Überschriften einiger Filmkritiken (**Arbeitsblatt 26**, S. 104). Durch die Ergänzung um eigene Formulierungen und durch die Auswahl eines ihrer Meinung nach besonders geeigneten Titels sind sie gehalten, ihre eigene Wertung in knapper Form zum Ausdruck zu bringen.

Ergänzen Sie diese Überschriften von Filmkritiken (Arbeitsblatt 26) durch zwei eigene Formulierungen.

Wählen Sie den Titel aus, der Ihrer Meinung nach am besten zu „Eyes Wide Shut" passt. Begründen Sie Ihre Entscheidung.

Auf den **Arbeitsblättern 27** und **28** (S. 105 ff.) finden sich zwei Rezensionen mit unterschiedlichem Tenor. Während Timo Kozlowski die Verfilmung der Traumnovelle als „wunderbare Symbiose" lobt, urteilt Ekkehard Knörer, die Filmhandlung sei unglaubwürdig, entwerte die literarische Vorlage und führe auf ein banales Ende hin.
Die Schülerinnen und Schüler erfassen zunächst die beiden Kritiken inhaltlich und setzen sich anschließend mit dem Urteil der beiden Verfasser kritisch auseinander.

Wie begründet der Autor Timo Kozlowski (Arbeitsblatt 27) sein Urteil, Novelle und Film seien „eine wunderbare Symbiose" eingegangen?

Fassen Sie zusammen, wie der Autor die Einfügung der zusätzlichen Figur Victor Ziegler wertet.

Fassen Sie Ekkehard Knörers Kritik (Arbeitsblatt 28) an dem Film „Eyes Wide Shut" mit eigenen Worten zusammen.

Diskutieren Sie die beiden Filmkritiken von Kozlowski (Arbeitsblatt 27) und von Knörer (Arbeitsblatt 28) und entwickeln Sie eine eigene, begründete Position.

Unter dem Titel „Ich will nicht wissen, wer du bist" schlägt Pascal Morché den Bogen zwischen Schnitzlers „Traumnovelle" und Kubricks Verfilmung über die Lebenswirklichkeit der Menschen im medial geprägten Zeitalter. Er zeigt auf, dass das Internet ein ähnlich anonymes Darstellen und Ausleben sexueller Spielarten erlaubt, wie es bei Schnitzler durch die Maskierungen ermöglicht wird. Morché urteilt: „In den Sex- und Chat-Ecken des Netzes sind die Augen der User eben eyes wide shut, sperrangelweit geschlossen."

Erläutern Sie die Unterscheidung zwischen Wirklichkeit und Wahrheit, wie Pascal Morché (Anhang zur Textausgabe, S. 156 ff.) sie vornimmt.

Inwiefern sieht Morché die Thematik der „Traumnovelle" und des Films „Eyes Wide Shut" als aktuell und symptomatisch für die heutige mediengeprägte Lebenswelt?

Schreiben Sie einen fiktiven Leserbrief an die ZEIT, in dem Sie Stellung zu Morchés Artikel nehmen.

Als Abschlussfrage richten die Schülerinnen und Schüler ihre Aufmerksamkeit auf den paradoxen Titel der Verfilmung und erläutern ihn. Es sollte dabei deutlich werden, dass einerseits das Traummotiv (geschlossene Augen) und andererseits auch die Macht der Blicke (weit aufgerissen/geschlossen) in ihm enthalten sind. Das voyeuristische Begehren, das Schnitzlers Fridolin in sich trägt, wird von Kubrick durch der Gesamtgestaltung des Films hervorgehoben und betont.

■ *Erläutern Sie den Filmtitel „Eyes Wide Shut".*

Notizen

_____

_____

_____

_____

_____

_____

_____

_____

_____

_____

_____

_____

_____

_____

_____

_____

_____

_____

_____

_____

_____

Schlussszene des Films „Eyes Wide Shut"

BILL: Alice? Was, findest du, sollten wir tun?

[...]

ALICE: Wenn überhaupt, denke ich, dass wir dankbar sein müssten. Und zwar dafür, dass es uns beiden 5 gelungen ist, rauszukommen aus all unseren Abenteuern. Ob sie nun real waren oder nur geträumt.

BILL: Und du bist dir da völlig sicher?

ALICE: Die Frage ist gut. Nur so sicher, wie ich etwas anderes weiß: Die Wirklichkeit einer verwirrenden 10 Nacht, sogar die Wirklichkeit unseres gesamten Lebens, kann niemals die volle Wahrheit sein.

BILL: Und ein Traum ist niemals nur ein Traum.

ALICE: Hm. Die Hauptsache ist, dass wir jetzt wach sind. Und es hoffentlich noch lange bleiben.

BILL: Für immer? 15

ALICE: Für immer.

BILL: Für immer!

ALICE: Nein, lass uns dieses Wort nicht benutzen. Es ist mir unheimlich. Trotzdem weiß ich genau, ich liebe dich. Ach ja, es gibt etwas sehr Wichtiges, das 20 wir dringend tun müssen.

BILL: Was denn?

ALICE: Ficken.

Quelle: Mitschrift von DVD. Vgl. auch: Stanley Kubrick/Frederic Raphael: Eyes Wide Shut (Das Drehbuch) Frankfurt am Main: Fischer Taschenbuch 1999

■ *Vergleichen Sie die Schlussszenen der Novelle und des Films miteinander.*

Grundfragen der Filmanalyse

Bildgestaltung durch die Kamera:
Welche Einstellungsgrößen werden wie verwendet?
Welche Kameraperspektiven werden wie verwendet?
Welche Arten der Kamerabewegung werden wie
5 verwendet?

Bildgestaltung nach der Aufnahme:
Dominieren kurze oder lange Einstellungen?
An welchen Stellen wird wie geschnitten?
Welche Tricks werden an welchen Stellen verwen-
10 det?

Komposition einzelner Stilelemente – Montage:
Wie werden einzelne Bildgestaltungsmittel miteinander verbunden?
Wie werden Bildgestaltungsmittel mit Tongestal-
15 tungsmitteln verbunden?
Welche der analysierten Gestaltungsmittel werden
wie miteinander verbunden (Montage), um den Ge-
samteindruck des Films zu erzielen?

Vertonung des Films:
Welche Sprache (bzw. Schrift bei Einblendung) wird 20
verwendet (Kommentar, Dialog, Erzähler [...])?
Wie sprechen die Darsteller (Tonfall, Dialekt, Hoch-
sprache, Stimme sympathisch oder unsympathisch
[...])?
In welchem Verhältnis steht die Sprache zum Bild 25
(unwichtig, erklärt die Bilder, hat nichts mit den
Bildern zu tun [...])?
Wie wird welche Art von Musik eingesetzt?
Wie werden welche Töne und Geräusche einge-
setzt? 30

Ausstattung:
Welches Dekor (Bauten, Landschaften, Requisiten)
wird wie verwendet?
Wie sind die Darsteller durch Masken, Kostüme,
Mimik, Gestik usw. gekennzeichnet? 35
Wie wird Farbe als Gestaltungsmittel eingesetzt?
Wie werden Licht/Schatten (Beleuchtungseffekte)
als Gestaltungsmittel eingesetzt?

Nach: H. Oberlechner, E. Weiskirchner, W. Graf: Aufarbeitung von Filmerlebnissen.
http://www.bildungsserver.at/faecher/be/Sachgebiete/visuelle_medien/film/filem_
analyse.htm (Stand 4/2009)

Überschriften von Filmkritiken

Stanley Kubricks Reise in die Nacht der Seele

Ein Meisterwerk!

Eine wunderbare Symbiose. Stanley Kubrick verfilmt Schnitzler

Unsägliche Schaulust

Eine Enttäuschung

Horrend unglaubwürdig und banal

- *Ergänzen Sie diese Überschriften von Filmkritiken durch zwei eigene Formulierungen.*
- *Wählen Sie den Titel aus, der Ihrer Meinung nach am besten zu „Eyes Wide Shut" passt. Begründen Sie Ihre Entscheidung.*

„Eine wunderbare Symbiose" (Rezension)

Tim Kozlowski: Eine wunderbare Symbiose: Stanley Kubrick verfilmt Schnitzler

„Inspired by Arthur Schnitzler's ‚Traumnovelle'" - so steht es im Abspann von Stanley Kubricks neuestem (und letztem) Film: „Eyes Wide Shut". Eine Literaturverfilmung also. Normalerweise, so denkt man zu-
5 nächst, wird das doch als Werbemittel eingesetzt: Der neue Grisham – eben noch auf der Bestsellerliste, jetzt im Box-Office! Kubricks filmisches Werk ist fast schon auf Literaturverfilmungen abonniert: Von Vladimir Nabokov brachte er als Erster „Lolita" auf die Lein-
10 wand, er nahm sich Stephen Kings „The Shining" und Anthony Burgess' „Clockwork Orange" vor – und zuletzt eben auch Schnitzlers „Traumnovelle". Weshalb aber wird „Eyes Wide Shut" nicht als Literaturverfilmung in eben jenem Maße wahrgenommen?
15 Sicher, de mortuis nil nisi bene, und wenn Kubrick zum marketingtechnisch perfekten Zeitpunkt von der Bühne abgetreten ist, dann möchte keiner ihm den Ruhm an seinem letzten Werk streitig machen. Sicher, der Autor Kubrick steht in der Rangliste des
20 Filmbusiness immer unter dem Regisseur Kubrick. Sicher, der Film heißt nun mal „Eyes Wide Shut" und nicht „Traumnovelle" oder ‚Dream Story' oder so ähnlich. Ein Indikator dafür, dass Kubrick eben keine Literaturverfilmung im strengen Sinne gemacht hat.
25 Derlei Versuche laufen ohnehin viel zu oft auf eine Literaturabfilmung hinaus. Aber eben dadurch, dass sich Kubrick von seiner Vorlage zunächst entfernt hat, hat er es geschafft, Schnitzlers Text adäquat auf die Leinwand zu übertragen.
30 Doch der Reihe nach. Schnitzler begann mit der Arbeit an der „Traumnovelle" 1907 und veröffentlichte sie 1926. Ort der Handlung ist Wien in den 20er-Jahren des 20. Jahrhunderts. Ein Er-Erzähler berichtet in größtenteils sachlich-nüchternem Ton über den Arzt
35 Fridolin und dessen Frau Albertine, die gemeinsam eine Tochter haben. Nach dem Besuch eines Maskenballes, in dessen Verlauf beide Ehepartner sich beinahe in amouröse Abenteuer verstricken, gesteht Albertine ihrem Mann, dass sie einmal bereit gewesen
40 wäre, ihn mit einem anderen Mann zu betrügen. Obwohl rein physisch gesehen nichts geschehen war damals, treibt Fridolin dieses Geständnis zu der fixen Idee, den gedanklichen Seitensprung seiner Frau nun selber in die Tat umzusetzen. Doch in letzter Sekunde
45 scheitert er in dieser Nacht, entweder an seiner mangelnden Courage oder den ehernen Gesetzen einer Geheimloge, deren maskierte Mitglieder obskuren erotischen Darstellungen beiwohnen. Dies alles ist bislang in nüchternem Ton geschildert worden. Doch

als Fridolin in dieser Nacht heimkehrt, weckt er Al- 50 bertine aus einem fürchterlichen Alptraum auf – fürchterlich für Albertine, weil sie ihn geträumt hat, fürchterlich für Fridolin, der dadurch erkennen muss, wie weit er und seine Frau sich schon voneinander entfernt haben. Gegen Ende des Traums dann auch 55 für den Leser fürchterlich, weil dieses Ende in Schwulst und Pathos versinkt: „Ich aber fand dein Gebaren über alle Maßen töricht und sinnlos, [...] weil du aus Treue zu mir die Hand einer Fürstin ausgeschlagen, Foltern erduldet und nun hier heraufgewankt kamst, 60 um einen furchtbaren Tod zu erleiden. [...] Da wünschte ich, du solltest doch wenigstens mein Lachen hören, gerade während man dich ans Kreuz schlüge." Am nächsten Tag gelangt Fridolin zu denselben Schauplätzen, die er in der Nacht besucht hat; 65 wiederum ohne Albertine untreu werden zu können. Als er – spät in der Nacht – erneut heimkehrt und seine Frau schon schläft, beschließt er, ihr alles zu erzählen, was er erlebt hat, aber unter der Prämisse, es handle sich um einen Traum. Und wenn sie dann 70 die „Nichtigkeit" seiner Erlebnisse erkannt habe, dann möchte er ihr gestehen, dass dieser Traum Realität ist. Doch die Realität holt ihn zuvor ein: Neben Albertines Kopf liegt auf seinem Kopfkissen die Maske, mit der er sich in der Nacht zuvor in die Geheim- 75 gesellschaft einzuschleichen versuchte – und so gesteht er alles. Am Ende ist dann die erwartete Besserung ausgeblieben, eine Entwicklung hat nicht stattgefunden, aber Fridolin und Albertine sind nun dazu in der Lage, ihre Isoliertheit voneinander bewusster wahr- 80 zunehmen.

Eigentlich kein Wunder, dass Kubrick jahrelang plante, die „Traumnovelle" zu verfilmen, da sie in denselben pessimistischen Tönen grundiert ist wie auch sein übriges Filmwerk. So hatte er ja in seiner 85 Verfilmung von „Clockwork Orange" den optimistischen Schluss von Burgess' Roman im Film mit einem sehr dunklen Menschenbild versehen: Der Mensch könne sich nicht ändern und richte sich deshalb selbst zugrunde. Zumindest in dieser Hinsicht musste 90 er bei der „Traumnovelle" bzw. „Eyes Wide Shut" wenig verändern: Er hat Szenerie und Personal vom Wien der 20er-Jahre ins New York der End-90er verlegt und die beiden Hauptrollen mit Tom Cruise und Nicole Kidman prominent besetzt. Den Plot jedoch 95 hat Kubrick bis fast zum Ende hin, von ein paar Kürzungen abgesehen, originalgetreu übernommen. Darin zeigt sich die feine Beobachtungsgabe Schnitzlers und die hohe Qualität der „Traumnovelle". Fast möchte man in Schnitzler und Kubrick zwei Brüder 100 im Geiste erkennen, da sowohl Schnitzlers sachlicher

Erzählton als auch Kubricks kühle und rationale Bildsprache beides Mal eine unwirkliche Stimmung schaffen, die immer wieder die Möglichkeit offen105 lässt, dass alles nur ein Traum gewesen sein könnte. Doch dann, unmittelbar bevor bei Schnitzler Fridolin alles gestehen wird, weicht Kubrick entscheidend von seiner Vorlage ab, indem er auf eine Figur zurückgreift, die in Schnitzlers Novelle nicht existiert und 110 die gleich zu Beginn des Films kurz eingeführt wird. Diese Figur, dargestellt von dem US-Regisseur Sydney Pollack, beginnt Bill den Film zu erklären. Genauer gesagt: Diese Figur entpuppt sich als eine Art Strippenzieher, mit deren Hilfe Kubrick versucht, die lo115 gischen Löcher im Plot zu stopfen, die er zuvor noch getreu von Schnitzler übernommen hat. Dies ist insofern bemerkenswert, weil Kubrick dadurch seiner bis zu diesem Zeitpunkt brillanten Konzeption widerspricht, indem er ganz bewusst mit der zuvor aufge120 bauten Stimmung bricht. Von einem postmodernen Standpunkt aus kann man hier ein selbstreflexives Vorgehen erkennen: Der Film, der seine Vorlage (und damit auch sich selbst) erklärt.

Allerdings trifft „erklären" nicht vollkommen zu. Es 125 legt nahe, dass von außen auf die Geschichte geblickt werde, aber dies trifft auf die von Pollack dargestellte Figur nicht zu; sie ist im Gegenteil sogar direkt in die Handlung integriert, sodass im Endeffekt einige innerfiktionale Gegebenheiten geklärt werden, die für einen Filmemacher der heutigen Zeit als Fehler gel130 ten. Womöglich wollte Kubrick Schnitzlers weiße Stellen in der Geschichte dazu nutzen, um auf die mittlerweile äußerst populäre Verschwörungstheoriewelle im Akte X-Stil abzuheben.

Letztendlich hat Kubrick durch seine modernisierte 135 Szenerie gezeigt, dass Schnitzlers Novelle eine Thematik aufgegriffen und so genau beleuchtet hat, dass das Geschilderte über den Zeitraum seiner Entstehung hinweg Gültigkeit besitzt. Kubricks „Eyes Wide Shut" ist somit eine der wenigen kongenialen Verfil140 mungen. Bemerkenswert ist vor allem, dass Kubrick es geschafft hat, sinnvoll zu kürzen und mit den ästhetischen Mitteln des Erzählkinos der 80er (man beachte das Dekor) zu arbeiten, ohne Schnitzlers „Traumnovelle" Gewalt anzutun. „Eyes Wide Shut" 145 funktioniert auch als eigenständiger Film, zweifellos, aber kennt man die „Traumnovelle", dann sieht man im Film neue Bedeutungsebenen angelegt. Eine wunderbare Symbiose.

Timo Kozlowski: Eine wunderbare Symbiose: Stanley Kubrick verfilmt Schnitzler. Rezensionsforum literaturkritik.de

■ Wie begründet der Autor Timo Kozlowski sein Urteil, Novelle und Film seien „eine wunderbare Symbiose" eingegangen?

■ Fassen Sie zusammen, wie die Einfügung der zusätzlichen Figur (Z. 107 ff., Victor Ziegler) gemeint ist.

„Horrend unglaubwürdig und banal" (Rezension)

Von Ekkehard Knörer

Das produktive Zentrum von Stanley Kubricks Film *Eyes Wide Shut* ist die eigenwillige Überblendung, die er darin vornimmt. Es ist die Überblendung von Schnitzlers Traumnovelle und deren Substrat[1] an psy-
5 choanalytischen Motiven, die alle um das Thema Eros kreisen – und dem New York der Gegenwart, dem banalen Eheleben eines jungen Paares. Auf eklatante Weise passt das eine nicht zum anderen, und statt zum Ort der Entdeckung heute noch gültiger Wahr-
10 heiten wird der Film zum Schauplatz nicht aufzulösender Irritationen. Als historisch genaue Verfilmung der ‚Traumnovelle' hätte *Eyes Wide Shut* stimmig, elegant, erotisch und ästhetizistisch[2] werden können, als Gegenwartsfilm ist er verstörend, eine Herausforde-
15 rung und so irritierend wie faszinierend.

 Nicole Kidman und Tom Cruise versagen als Schauspieler vor den Dialogen, vor der Psychologie ihrer Figuren, vor den Schritten, die diese unternehmen – und sie müssten es, selbst wenn sie bessere Darstel-
20 ler wären, als sie sind. Ihre Beziehung, ihre Liebe, die Szenen des Verführtwerdens, all das ist horrend unglaubwürdig. Wie fast alles andere an diesem Film, der aber genau von der Sorte ist, die einen irritiert fragen lässt, welche dies- oder jenseits des üblichen
25 Realismus liegende Ebene es sein könnte, die hier eine bestimmte Form von Schlüssigkeit herstellt.

Zunächst einmal sind alle Beziehungen innerhalb dieses Films, die der Arzt Bill Harford und seine Frau eingehen, von einem einzigen, durchgehenden Motiv
30 bestimmt: Sex (zumeist in Verbindung mit Tod), Eros und Thanatos[3]. Alle Frauen erweisen sich bei näherem Hinsehen als Huren, alle Männer als Freier oder Zuhälter. Der Binnenraum der Kleinfamilie des Paars wird unaufhörlich von Verführung, Begehren nichteheli-
35 cher Art umlagert, attackiert, bedrängt – bis in die Träume und Vorstellungen der Frau und, indirekt, als Kombination von Eifersucht und Voyeurismus, auch des Mannes. Dies bedeutet umgekehrt aber auch die Aufladung des banalen Beziehungsalltags mit den Myste-
40 rien von Sex und Tod. Die aber verläuft nicht ohne Widerstand der realistischen Oberfläche, der diese historische und psychologische Tiefenschicht introjiziert[4] wird. Man findet sie genauer gesagt dort nicht wieder, oder nur ex negativo[5]: in der Leere der Gesichter und Gesten von Cruise und Kidman. In ebenso leeren Ges-

ten der Kamera, die etwa durch die verlassene Praxis 45 von Harford streift, durch die Wohung des Paares fährt, die von allem psycho-symbolisch Labyrinthischen (das Kubrick in Shining meisterhaft evozierte) weit entfernt ist. Das aber bedeutet umgekehrt die Entwertung des Mysteriösen zum Maskenspiel, zur Schmierentragödie 50 am Rande zur Lächerlichkeit.

Die Semiotik[6] des Films ist also nicht symbolisch, sondern (wie es sich Kino-Bildern auch geziemt) ganz oberflächlich - dies aber doppelt. Die andere, zweite, nicht zur ersten passende Oberfläche ist die der Dar- 55 stellung von Sex, die in der langen Szene der Orgie in dem schlossartigen Gebäude gewissermaßen kulminiert[7]. Auch hier aber ist nichts zu sehen als das, was gezeigt wird. Die Masken sind nichts als Mummenschanz, als solcher aber bloß der ironische Verweis auf 60 eine Opposition von Oberfläche und Tiefe, die der Film gar nicht zu bieten hat. Die Verhältnisse sind im Gegenteil von atemberaubender Literalität[8]. Durchgängig herrscht der Imperativ der Sichtbarkeit: Daher die penetrante Bebilderung noch des gar nicht statt- 65 gefundenen Ehebruchs. Im Zuge des Geständniszwangs bleibt nicht nur nichts verborgen, es siegt auch der Prunk des Sichtbaren über die Idee von Verborgenheit überhaupt. Wenn nichts als das Sichtbare bleibt, wird dieses eben orgiastisch: *Eyes Wide Shut* ist 70 eine Ausstattungsorgie, eine Folge von ausgeklügelten und in schwelgerischer Strenge durchkomponierten Farbteppichen. Was könnte offensichtlicher sein, als Eros und Thanatos in den roten und dunkelblauen Tönen, die den Film dominieren, eben nicht zu sym- 75 bolisieren (sie sind und bleiben stets präsent), sondern zu bebildern, verdoppeln und auch auf dieser Ebene an den (zugleich) banalen Interieurs und Außenszenen New Yorks abprallen zu lassen.

Das Ende des Films ist nach den Regeln üblicher Psy- 80 chologie wiederum höchst unglaubhaft, die Restitution der Kleinfamilie – aber es kann keine andere (Er)Lösung geben als eine wiederum handfest literale: Let's have a good fuck heißt genau das und nichts anderes. Eros kollabiert auf der Oberfläche der Sicht- 85 barkeit, die der Film ausbreitet, zu nicht mehr und nicht weniger als banalem Sex. Das ist ein banales Ende, kein anderes wäre möglich.

http://www.jump-cut.de/filmkritik-eyeswideshut.html (Stand Mai 2009)

---

[6] Lehre von den Zeichen
[7] den Höhepunkt erreichen
[8] wörtliche Weitergabe durch Schriftlichkeit

---

[1] Grundlage, Nährboden
[2] einseitig dem Schönen verpflichtet
[3] griech. Gott der Liebe und Gott des Todes
[4] Fremdes einbeziehen
[5] (lat.) eine Definition, die beschreibt, wie etwas nicht ist

▪ *Fassen Sie Ekkehard Knörers Kritik an dem Film*
   „Eyes Wide Shut" mit eigenen Worten zusammen.

Fridolins Weg durch das nächtliche Wien

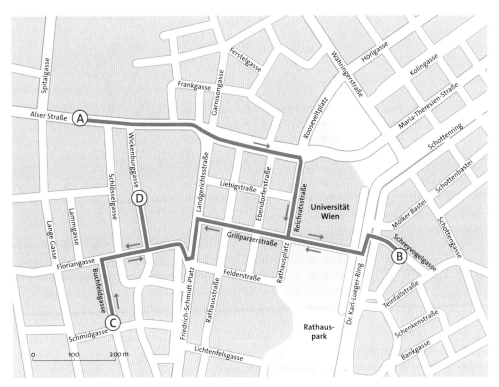

A –   Allgemeines Krankenhaus; in der Nähe liegt Fridolins und Albertines Wohnung
B –   Schreyvogelgasse – Haus des verstorbenen Hofrats und seiner Tochter Marianne
C –   Buchfeldgasse – Freudenhaus, in dem Mizzi lebt und arbeitet
D –   Ecke Wickenberggasse – Laden des Kostümverleihers Gibiser und seiner Tochter Pierrette

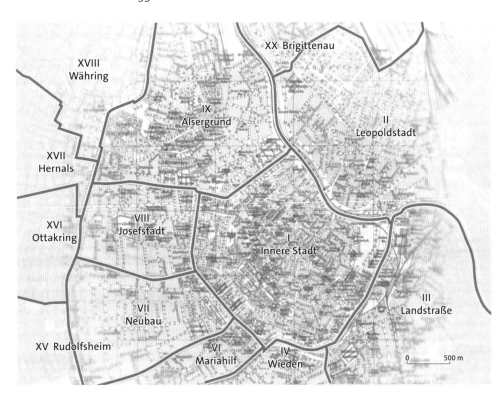

■ *Die Schauplätze der Novelle liegen im Bezirk Josefstadt. Lediglich die Villa, in der sich die Geheimgesellschaft trifft, liegt außerhalb, nämlich im XVI. Bezirk (Ottakring).*
Deuten Sie die Wahl der Schauplätze.

Zur Analyse eines Erzähltextes

A) Der Erzähler

Der Erzähler ist nicht mit dem Autor/der Autorin zu verwechseln. Vielmehr handelt es sich um eine vom Autor geschaffene Instanz, durch die das Geschehen erzählt wird. Zu unterscheiden sind:

Erzählform	(bezeichnet die Beteiligung des Erzählers am Geschehen) Er/Sie-Erzählung Ich-Erzählung
Erzählverhalten	(bezeichnet das Maß des Eingreifens des Erzählers) auktorial (Geschehen wird nicht nur wiedergegeben, sondern auch kommentiert) personal (Geschehen wird aus der Perspektive einer der beteiligten Figuren erzählt) neutral (Erzählinstanz ist nicht erkennbar)
Erzählhaltung	(bezeichnet die Einstellung, die der Erzähler zum Geschehen einnimmt) sachlich-nüchtern ironisch humorvoll kritisch distanziert …
Erzählperspektive	(bezeichnet den Blickwinkel, aus dem das Geschehen erzählt wird) Innenperspektive Außenperspektive

B) Darbietungsformen

Das Geschehen kann dem Leser auf unterschiedliche Weisen präsentiert werden. Dabei ist zu unterscheiden, ob der Erzähler oder die Figuren selbst zu Wort kommen.

Erzählbericht	(bezeichnet die straffe, neutrale Darstellung der Handlung durch die Erzählinstanz)
Beschreibung	(bezeichnet die anschauliche Darstellung etwa eines Schauplatzes oder einer Figur durch die Erzählinstanz)
Kommentar	(bezeichnet das merkbare Urteilen oder Reflektieren durch die Erzählinstanz)
indirekte Rede	(bezeichnet die indirekte Wiedergabe eines Dialogs durch die Erzählinstanz)
Dialog	(bezeichnet die direkte Rede zwischen den beteiligten Figuren; auch szenische Darstellung)
erlebte Rede	(bezeichnet die Wiedergabe der Gedanken einer Figur in der 3. Person Singular)
innerer Monolog	(bezeichnet die Wiedergabe der Gedanken und Empfindungen einer Figur in der 1. Person Singular)
Bewusstseinsstrom	(bezeichnet die assoziative Aneinanderreihung der Gedanken, Wahrnehmungen, Empfindungen und Stimmungen einer Figur)

C) Die Zeitgestaltung

Hinsichtlich der Zeitgestaltung eines Erzähltextes ist zu unterscheiden zwischen

Erzählzeit	(bezeichnet die Dauer des Erzählvorgangs)
erzählter Zeit	(bezeichnet die Dauer des erzählten Geschehens)

Zur Verhältnisbestimmung von Erzählzeit und erzählter Zeit:

Zeitraffung	(die Erzählzeit ist kürzer als die erzählte Zeit)
Zeitdehnung	(die Erzählzeit ist länger als die erzählte Zeit)
Zeitdeckung	(Erzählzeit und erzählte Zeit sind in etwa identisch)

Die Reihenfolge des erzählten Geschehens kann von der in der Realität abweichen. Man unterscheidet zwischen

Handlungschronologie	(bezeichnet die tatsächlich zeitliche Abfolge der erzählten Geschehnisse)
Erzählchronologie	(bezeichnet die zeitliche Abfolge der Handlungsschritte innerhalb der Erzählung)

Unterschiede zwischen Handlungschronologie und Erzählchronologie kommen zustande durch

Vorausdeutungen	(auf zukünftiges Geschehen)
Rückblenden	(auf vergangenes Geschehen)

D) Die Raumgestaltung

Der Handlungsraum ist nicht mit einem bloßen Schauplatz gleichzusetzen. Oft bekommen Orte in epischen Texten auch eine symbolische Bedeutung.

Schauplatz (auch Handlungsraum)	(bezeichnet den Ort des Geschehens)
Lebensraum	(bezeichnet das Ambiente, das soziale Milieu, das gesellschaftliche Umfeld einer Figur)
Stimmungsraum	(bezeichnet den Aufbau einer bestimmten handlungstragenden Stimmung oder die Hervorhebung eines Gemützustandes einer Figur durch eine bestimmte Atmosphäre)
Symbolischer Raum	(bezeichnet einen Raum mit einer symbolischen Bedeutung, die nicht unbedingt mit seiner tatsächlichen Bedeutung übereinstimmen muss)

Aufbau eines Analyseaufsatzes und methodische Hinweise

Nachdem Sie den Text <u>sorgfältig gelesen</u>, Auffälligkeiten <u>am Text markiert</u>, Ihre Gedanken zur Analyse und Interpretation notiert und sich ein <u>Schreibkonzept</u> angelegt haben, beginnen Sie mit Ihrem Analyseaufsatz. Dieser sollte wie folgt gegliedert sein

Einleitender Teil:
- Titel, Gattung, Autor, Entstehungszeit
- Thema und Inhalt
- Einordnung in den Kontext des Gesamtwerks
- Gliederung des Textes
- *wichtig: Formulieren Sie den Inhalt und die Ergebnisse ihrer Textgliederung weitgehend eigenständig. Übernehmen Sie nicht zu stark die Wortwahl des Textes und vermeiden Sie Aneinanderreihungen von Zitaten.*

Hauptteil:
- Analyse von Erzählhaltung, Figurenkonstellation, Raumgestaltung, Zeitgestaltung, Motive, Textkohärenz, Beziehung Titel-Thema
- Untersuchung der sprachlichen Mittel auf der Wort -, Satz- und Bedeutungsebene (morphologische, syntaktische und semantische Ebene)
- Nachweis stilistisch-rhetorischer, zeit- und genretypischer Gestaltungsmerkmale
- *wichtig: Listen Sie Ihre Beobachtungen nicht nur auf, sondern werten Sie sie in Funktion und Wirkung aus.*

Schlussteil:
- Einordnung in den literaturgeschichtlichen, gattungsgeschichtlichen, biografischen, politisch-sozialen Kontext
- Zusammenfassung der Ergebnisse und abschließende Deutung
- *wichtig: Formulieren Sie ein prägnantes Fazit aus Ihrer Analyse, von dem aus Sie die Kontexteinordnung vornehmen können.*
- ggf. Bearbeitung des weiterführenden Schreibauftrags (Wertung/Stellungnahme, Vergleich etc.)

Achten Sie beim Schreiben auf:
- die sprachliche Richtigkeit (Rechtschreibung, Grammatik, Zeichensetzung).
- einen angemessenen Ausdruck und die richtige Verwendung des Fachvokabulars.
- den korrekten Umgang mit Textzitaten und die Verwendung des Konjunktivs bei der indirekten Textwiedergabe.
- eine klare gedankliche Gliederung Ihres Aufsatzes, die sich auch in sinnvollen Absätzen widerspiegelt.

Lebens- und Todestrieb

In *Das Ich und das Es* (1923) hatte Sigmund Freud [...] seine berüchtigte dualistische Triebtheorie geformt. Zwei Triebe sind im Menschen am Werk, Eros und Thanatos, der Lebens- und der Todestrieb.

5 Der Todestrieb hat die Aufgabe, das organische Lebende in den leblosen Zustand zurückzuführen, während Eros das Leben erhalten will. Beide Triebe, so Freud, sind eigentlich „im strengsten Sinne" konservativ, da sie die Wiederherstellung eines durch die Entstehung 10 des Lebens gestörten Zustandes anstreben.

Er ging in weiterer Folge von einer Mischung der beiden Triebarten aus, die für die normale Situation charakteristisch ist – ein untrennbares Ineinander von Liebe und Hass, Sexualität und Aggression, Eros und Thanatos. „Nun lehrt uns die klinische Beobach- 15 tung, dass der Hass nicht nur der unerwartet regelmäßige Begleiter der Liebe ist (Ambivalenz), nicht nur häufig ihr Vorläufer in menschlichen Beziehungen, sondern auch, dass Hass sich unter mancherlei Verhältnissen in Liebe und Liebe in Hass ver- 20 wandelt", schreibt Freud. Und wieder spüren wir das Unbehagen.

Aus: Konrad Paul Liessmann: Gedenktage Sigmund Freud und die Kultur des Unbehagens. In: texte.psychoanalyse.ästhetik.kulturkritik. 27. Jahrgang, Heft 1/2007, S. 55–67

> ▪ *Stellen Sie einen Zusammenhang zwischen Freuds dualistischer Triebtheorie und den Handlungszusammenhängen der „Traumnovelle" her.*

Arthur Schnitzler: Paracelsus

Der Einakter „Paracelsus" von Arthur Schnitzler erschien 1899. Die Handlung spielt in Basel zu Beginn des 16. Jahrhunderts. Der Wunderheiler Paracelsus gerät in Konflikt mit der orthodoxen Fakultät über die Hysterienforschung. Er versucht, durch die Anwendung von Hypnose Menschen in seinem Sinne zu manipulieren.

Es war ein Spiel! Was sollt' es anders sein?
Was ist nicht Spiel, das wir auf Erden treiben,
Und schien es noch so groß und tief zu sein!
Mit wilden Söldnerscharen spielt der eine,
5 Ein andrer spielt mit tollen Abergläubischen.
Vielleicht mit Sonnen, Sternen irgendwer, –
Mit Menschenseelen spiele ich. Ein Sinn
wird nur von dem gefunden, der ihn sucht.
Es fließen ineinander Traum und Wachen,
10 Wahrheit und Lüge. Sicherheit ist nirgends.
Wir wissen nichts von andern, nichts von uns;
Wir spielen immer, wer es weiß, ist klug.

Aus: Arthur Schnitzler: Paracelsus. In: ders.: Der grüne Kakadu – Paracelsus –
Die Gefährten. Drei Einakter. Berlin: S. Fischer 1922, Einakter (1899)

▨ *Analysieren Sie diesen Auszug aus Arthur Schnitzlers Einakter „Paracelsus".*

▨ *Stellen Sie einen gedanklichen Bezug zur „Traumnovelle" her.*

Hugo von Hofmannsthal: Das Märchen der 672. Nacht

[Beginn der Erzählung]

Ein junger Kaufmannssohn, der sehr schön war und weder Vater noch Mutter hatte, wurde bald nach seinem fünfundzwanzigsten Jahre der Geselligkeit und des gastlichen Lebens überdrüssig. Er versperrte die
5 meisten Zimmer seines Hauses und entließ alle seine Diener und Dienerinnen, bis auf vier, deren Anhänglichkeit und ganzes Wesen ihm lieb war. Da ihm an seinen Freunden nichts gelegen war und auch die Schönheit keiner einzigen Frau ihn so gefangen nahm,
10 dass er es sich als wünschenswert oder nur als erträglich vorgestellt hätte, sie immer um sich zu haben, lebte er sich immer mehr in ein ziemlich einsames Leben hinein, welches anscheinend seiner Gemütsart am meisten entsprach. Er war aber keineswegs men-
15 schenscheu, vielmehr ging er gerne in den Straßen oder öffentlichen Gärten spazieren und betrachtete die Gesichter der Menschen. Auch vernachlässigte er weder die Pflege seines Körpers und seiner schönen Hände noch den Schmuck seiner Wohnung. Ja, die
20 Schönheit der Teppiche und Gewebe und Seiden, der geschnitzten und getäfelten Wände, der Leuchter und Becken aus Metall, der gläsernen und irdenen Gefäße wurde ihm so bedeutungsvoll, wie er es nie geahnt hatte. Allmählich wurde er sehend dafür, wie alle For-
25 men und Farben der Welt in seinen Geräten lebten. Er erkannte in den Ornamenten, die sich verschlingen, ein verzaubertes Bild der verschlungenen Wunder der Welt. Er fand die Formen der Tiere und die Formen der Blumen und das Übergehen der Blumen in die Tiere;
30 die Delphine, die Löwen und die Tulpen, die Perlen und den Akanthus; er fand den Streit zwischen der Last der Säule und dem Widerstand des festen Grundes und das Streben allen Wassers nach aufwärts und wiederum nach abwärts; er fand die Seligkeit der Bewegung
35 und die Erhabenheit der Ruhe, das Tanzen und das Totsein; er fand die Farben der Blumen und Blätter, die Farben der Felle wilder Tiere und der Gesichter der Völker, die Farbe der Edelsteine, die Farbe des stürmischen und des ruhig leuchtenden Meeres; ja, er fand
40 den Mond und die Sterne, die mystische Kugel, die mystischen Ringe und an ihnen festgewachsen die Flügel der Seraphim. Er war für lange Zeit trunken von dieser großen, tiefsinnigen Schönheit, die ihm gehörte, und alle seine Tage bewegten sich schöner und
45 minder leer unter diesen Geräten, die nichts Totes und Niedriges mehr waren, sondern ein großes Erbe, das göttliche Werk aller Geschlechter. Doch er fühlte ebenso die Nichtigkeit aller dieser Dinge wie ihre Schönheit; nie verließ ihn auf lange der
50 Gedanke an den Tod und oft befiel er ihn unter lachenden und lärmenden Menschen, oft in der Nacht, oft beim Essen.

Aber da keine Krankheit in ihm war, so war der Gedanke nicht grauenhaft, eher hatte er etwas Feierliches und Prunkendes und kam gerade am stärksten, 55 wenn er sich am Denken schöner Gedanken oder an der Schönheit seiner Jugend und Einsamkeit berauschte. Denn oft schöpfte der Kaufmannssohn einen großen Stolz aus dem Spiegel, aus den Versen der Dichter, aus seinem Reichtum und seiner Klugheit, 60 und die finsteren Sprichwörter drückten nicht auf seine Seele. Er sagte: „Wo du sterben sollst, dahin tragen dich deine Füße", und sah sich schön, wie ein auf der Jagd verirrter König, in einem unbekannten Wald unter seltsamen Bäumen einem fremden wunderbaren 65 Geschick entgegengehen. Er sagte: „Wenn das Haus fertig ist, kommt der Tod" und sah jenen langsam heraufkommen über die von geflügelten Löwen getragene Brücke des Palastes, des fertigen Hauses, angefüllt mit der wundervollen Beute des Lebens. 70
[...]

[Ende der Erzählung]

In dem Augenblicke wandte das Pferd den Kopf und sah ihn an mit tückisch zurückgelegten Ohren und rollenden Augen, die noch boshafter und wilder aus- 75 sahen, weil eine Blesse gerade in der Höhe der Augen quer über den hässlichen Kopf lief. Bei dem hässlichen Anblicke fiel ihm blitzartig ein längst vergessenes Menschengesicht ein. Wenn er sich noch so sehr bemüht hätte, wäre er nicht imstande gewesen, 80 sich die Züge dieses Menschen je wieder hervorzurufen; jetzt aber waren sie da. Die Erinnerung aber, die mit dem Gesicht kam, war nicht so deutlich. Er wusste nur, dass es aus der Zeit vor seinem zwölften Jahre war, aus einer Zeit, mit deren Erinnerung der Geruch 85 von süßen, warmen, geschälten Mandeln irgendwie verknüpft war.

Und er wusste, dass es das verzerrte Gesicht eines hässlichen armen Menschen war, den er ein einziges Mal im Laden seines Vaters gesehen hatte. Und dass 90 das Gesicht von Angst verzerrt war, weil die Leute ihn bedrohten, weil er ein großes Goldstück hatte und nicht sagen wollte, wo er es erlangt hatte. Während das Gesicht schon wieder zerging, suchte sein Finger noch immer in den Falten seiner Kleider, 95 und als ein plötzlicher, undeutlicher Gedanke ihn hemmte, zog er die Hand unschlüssig heraus und warf dabei den in Seidenpapier eingewickelten Schmuck mit dem Beryll dem Pferd unter die Füße. Er bückte sich, das Pferd schlug ihm den Huf mit aller 100

Kraft nach seitwärts in die Lenden und er fiel auf den Rücken. Er stöhnte laut, seine Knie zogen sich in die Höhe und mit den Fersen schlug er immerfort auf den Boden. Ein paar von den Soldaten standen auf und
105 hoben ihn an den Schultern und unter den Kniekehlen. Er spürte den Geruch ihrer Kleider, denselben dumpfen, trostlosen, der früher aus dem Zimmer auf die Straße gekommen war, und wollte sich besinnen, wo er den vor langer, sehr langer Zeit schon eingeat-
110 met hatte: Dabei vergingen ihm die Sinne. Sie trugen ihn fort über eine niedrige Treppe, durch einen langen, halbfinsteren Gang in eines ihrer Zimmer und legten ihn auf ein niedriges eisernes Bett. Dann durchsuchten sie seine Kleider, nahmen ihm das
115 Kettchen und die sieben Goldstücke und endlich gingen sie, aus Mitleid mit seinem unaufhörlichen Stöhnen, einen ihrer Wundärzte zu holen.
Nach einer Zeit schlug er die Augen auf und wurde sich seiner quälenden Schmerzen bewusst. Noch
120 mehr aber erschreckte und ängstigte ihn, allein zu sein in diesem trostlosen Raum. Mühsam drehte er die Augen in den schmerzenden Höhlen gegen die Wand und gewahrte auf einem Brette drei Laibe von solchem Brot, wie die es über den Hof getragen hat-
125 ten.
Sonst war nichts in dem Zimmer als harte, niedrige Betten und der Geruch von trockenem Schilf, womit die Betten gefüllt waren, und jener andere trostlose, dumpfe Geruch.
130 Eine Weile beschäftigten ihn nur seine Schmerzen und die erstickende Todesangst, mit der verglichen die Schmerzen eine Erleichterung waren. Dann konn-

te er die Todesangst für einen Augenblick vergessen und daran denken, wie alles gekommen war. 135
Da empfand er eine andere Angst, eine stechende, minder erdrückende, eine Angst, die er nicht zum ersten Male fühlte; jetzt aber fühlte er sie wie etwas Überwundenes. Und er ballte die Fäuste und verfluchte seine Diener, die ihn in den Tod getrieben 140 hatten; der eine in die Stadt, die Alte in den Juwelierladen, das Mädchen in das Hinterzimmer und das Kind durch sein tückisches Ebenbild in das Glashaus, von wo er sich dann über grauenhafte Stiegen und Brücken bis unter den Huf des Pferdes taumeln sah. 145
Dann fiel er zurück in große, dumpfe Angst. Dann wimmerte er wie ein Kind, nicht vor Schmerz, sondern vor Leid, und die Zähne schlugen ihm zusammen.
Mit einer großen Bitterkeit starrte er in sein Leben 150 zurück und verleugnete alles, was ihm lieb gewesen war. Er hasste seinen vorzeitigen Tod so sehr, dass er sein Leben hasste, weil es ihn dahin geführt hatte. Diese innere Wildheit verbrauchte seine letzte Kraft. Ihn schwindelte, und für eine Weile schlief er wieder 155 einen taumeligen schlechten Schlaf. Dann erwachte er und wollte schreien, weil er noch immer allein war, aber die Stimme versagte ihm. Zuletzt erbrach er Galle, dann Blut, und starb mit verzerrten Zügen, die Lippen so verrissen, dass Zähne und Zahnfleisch ent- 160 blößt waren und ihm einen fremden, bösen Ausdruck gaben.

Hugo von Hofmannsthal: Das Märchen der 672. Nacht. Reitergeschichte. Das Erlebnis des Marshalls von Bassompierre. Frankfurt am Main: Fischer Taschenbuch 1973, S. 9ff.

■ *Vergleichen Sie den Anfang und das Ende der Erzählung inhaltlich miteinander. Arbeiten Sie dabei insbesonders die Darstellung des Kaufmannssohns heraus.*

■ *Analysieren Sie den Text, indem Sie wesentliche Stilmerkmale aufzeigen und deuten.*

■ *Nehmen Sie eine begründete Epochenzuordnung vor.*

Stefan George: Der hügel wo wir wandeln

Der hügel wo wir wandeln liegt im schatten.
Indes der drüben noch im lichte webt.
Der mond auf seinen zarten grünen matten
Nur erst als kleine weiße wolke schwebt.

5 Die straßen weithin-deutend werden blasser.
Den wandrern bietet ein gelispel halt.
Ist es vom berg ein unsichtbares wasser
Ist es ein vogel der sein schlaflied lallt?

Der dunkelfalter zwei die sich verfrühten
10 Verfolgen sich von halm zu halm im scherz …
Der rain[1] bereitet aus gesträuch und blüten
Den duft des abends für gedämpften schmerz.

(v 1897)

Aus: Das Jahr der Seele. In: Stefan George: Werke. 2 Bände. Hrsg. von
Robert Boehringer. Stuttgart: Klett-Cotta, 1984

---

[1] Rain: Ackergrenze

> ▨ *Analysieren Sie das Gedicht „Der hügel wo wir wandeln …" von Stefan George. Vergleichen*
> *Sie anschließend die Wahrnehmung und Darstellung der Umgebung mit Fridolins Eindrücken*
> *auf seiner An- und Rückreise von der Villa in die Stadt (S. 41, Z. 35 – S. 42, Z. 33 und S. 54,*
> *Z. 25 – S. 57, Z. 2).*

Sekundenstil am Beispiel „Papa Hamlet"

Arno Holz (1863–1929)/Johannes Schlaf (1862–1941): Papa Hamlet (Auszug)

Arno Holz

Johannes Schlaf

„Papa Hamlet" ist der heruntergekommene Schauspieler Niels Thienwiebel, der mit seiner lungenkranken Frau und einem drei Monate alten Kind in einer jämmerlichen Dachwohnung haust, die nun auch noch gekündigt wurde. Das von Asthmaanfällen geschüttelte Kind hat er Fortinbras genannt nach einer Figur aus Shakespeares „Hamlet", seiner Traumrolle. Den Lebensunterhalt für die kleine Familie bringt die Frau mit Nähen kaum zusammen, Thienwiebel selbst hat auch seine letzte Einkommensquelle, das Modellstehen für Kunststudenten, aufgegeben und das Engagement-Angebot einer Wanderbühne aus Stolz abgelehnt. Am Ende tötet er das Kind, ohne dies wirklich zu wollen. Tage später wird er erfroren aufgefunden.

[...]
Er war jetzt zu ihr unter die Decke gekrochen, die Unterhosen hatte er anbehalten. „Nicht mal genug Platz zum Schlafen hat man!"
5 Er reckte und dehnte sich.
„So'n Hundeleben! Nicht mal schlafen kann man!"
Er hatte sich wieder auf die andere Seite gewälzt. Die Decke von ihrer Schulter hatte er mit sich gedreht, sie lag jetzt fast bloß da ....
10 Das Nachtlämpchen auf dem Tisch hatte jetzt zu zittern aufgehört. Die beschlagene, blaue Karaffe davor war von unzähligen Lichtpünktchen wie übersät. Eine Seite aus dem Buch hatte sich schräg gegen das Glas aufgeblättert. Mitten auf dem vergilbten Papier
15 hob sich deutlich die fette Schrift ab: „Ein Sommernachtstraum". Hinten auf der Wand, übers Sofa weg, warf die kleine, glitzernde Fotografie ihren schwarzen, rechteckigen Schatten.
Der kleine Fortinbras röchelte, nebenan hatte es wieder zu schnarchen angefangen.
20 „So'n Leben! So'n Leben!"

Er hatte sich wieder zu ihr gedreht. Seine Stimme klang jetzt weich, weinerlich.
„Du sagst ja gar nichts!"
Sie schluchzte nur wieder. 25
„Ach Gott, ja! So'n [...] Ae!! [...]"
Er hatte sich jetzt noch mehr auf die Kante zu gerückt.
„Is ja noch Platz da! Was drückst du dich denn so an die Wand! Hast du ja gar nicht nötig!" 30
Sie schüttelte sich. Ein fader Schnapsgeruch hatte sich allmählich über das ganze Bett hin verbreitet.
„So ein Leben! Man hat's wirklich weit gebracht! [...] Nu sich noch von so'ner alten Hexe rausschmeißen lassen! Reizend!! Na, was macht man nu? Liegt man 35 morgen auf der Straße! ... Nu sag doch?"
Sie hatte sich jetzt noch fester gegen die Wand gedrückt. Ihr Schluchzen hatte aufgehört, die drehte ihm den Rücken zu.
„Ich weiß ja! Du bist ja am Ende auch nicht schuld 40 dran! Nu sag doch!"
Er war jetzt wieder auf sie zugerückt.
"Nu sag doch! [...] Man kann doch nicht so – verhungern?!"
Er lag jetzt dicht hinter ihr. 45
„Ich kann auch nicht dafür! [...] Ich bin ja gar nicht so! Is auch wahr! Man wird ganz zum Vieh bei solchem Leben! [...] Du schläfst doch nicht schon!"
Sie hustete.
„Ach Gott ja! Und nu bist du auch noch krank! Und 50 das Kind! Dies viele Nähen [...]
Aber du schonst dich ja auch gar nicht [...] ich sag's ja!"
Sie hatte wieder zu schluchzen angefangen.
„Du – hättest – doch lieber. – Nils [...]" 55
„Ja [...] ja! Ich seh's ja jetzt ein! Ich hätt's annehmen sollen! Ich hätt' ja später immer noch ...ich seh's ja

ein! Es war unüberlegt! Ich hätte zugreifen sollen! Aber – nu sag doch!!"

60 „Hast du ihn – denn nicht [...] denn nicht – wenigstens zu – Haus getroffen?"

„Ach Gott, ja, aber [...] aber, du weißt ja! Er hat ja auch nichts! Was macht man nu bloß? Man kann sich doch nicht das Leben nehmen?!"

65 Er hatte jetzt ebenfalls zu weinen angefangen.

„Ach Gott! Ach Gott!!"

Sein Gesicht lag jetzt mitten auf ihrer Brust. Sie zuckte!

„Ach Gott! Ach Gott!!"

70 Der dunkle Rand des Glases oben quer über der Decke hatte wieder unruhig zu zittern begonnen, die Schatten, die das Geschirr warf, schwankten, dazwischen glitzerten die Wasserstreifen ....

[...]

(v. 1889)

Aus: Arno Holz, Johannes Schlaf: Papa Hamlet. Ein Tod. Stuttgart: Reclam 1963

Sekundenstil

nannten Arno Holz und Johannes Schlaf eine Erzähltechnik, die eine Kopie der Wirklichkeit ermöglichen sollte. Mit sprachlichen Mitteln wurden dabei gewissermaßen die Genauigkeit der filmischen Nahaufnahme und die Deutlichkeit der Zeitlupe vorwegge- 5 nommen. Mit diesem Erzählstil sollten auch kleinste Bewegungen und intimste Empfindungen minutiös erfasst und nachgebildet werden können. So sollten auch in der erzählenden Prosa die feinsten Nuancen eines Vorgangs oder einer menschlichen Handlung 10 in genauester zeitlicher Abfolge dargestellt werden können. Die sprachliche Nachbildung der Wirklichkeit ergänzten Holz/Schlaf noch durch eine „phonografische Methode", also den Versuch, einen Vorgang in allen seinen Lautwerten, nicht nur in seinen Spra- 15 che gewordenen Äußerungen zu erfassen. Die Wirklichkeit wollten sie eben nicht als Auswahl infolge subjektiver Wahrnehmung gestalten, sondern in objektiver Komplexität, die auch das Zufällige, Periphere und Unkontrollierte in ihr enthält. 20

Aus: Peter Mettenleiter/Stephan Knöbl (Hrsg.): Blickfeld Deutsch. Oberstufe. Paderborn: Schöningh 1991, S. 306

■ *Lesen Sie den Textauszug aus „Papa Hamlet" von Arno Holz und Johannes Schlaf laut vor. Beschreiben Sie seine Wirkung auf den Leser und auf die Hörer.*

■ *Untersuchen Sie die sprachliche Gestaltung des Textes und setzen Sie Ihre Erkenntnisse in einen Zusammenhang mit seiner Wirkung.*

■ *Informieren Sie sich über den Sekundenstil. Beurteilen Sie, inwiefern der Textauszug aus „Papa Hamlet" das intendierte Ziel des Sekundenstils erreicht.*

Zentrale Begriffe zur Filmanalyse

Abblende: Das Bild geht allmählich in eine monochrome (meist schwarze; in dem Fall spricht man auch von einer „Schwarzblende") Bildfläche über.

Aufblende: Das Bild erscheint allmählich aus einer monochromen (meist schwarzen) Bildfläche.

Einstellung: Eine ohne Unterbrechung aufgenommene und wiedergegebene Kameraaufnahme, also das, was die Kamera im Moment der Aufnahme „sieht".

Einstellungsgröße: Die relative Größe eines im Bild abgebildeten Objektes. Als Orientierungspunkt für die Bestimmung der Einstellungsgröße gilt meist der menschliche Körper. Folgende Einstellungsgrößen lassen sich unterscheiden:
Panorama bzw. Weit: z.B. eine Landschaft.
Totale: z.B. ein Mensch oder eine Gruppe von Menschen (vollständig abgebildet) und deren weitere Umgebung; z.B. eine Gruppe vor einem Haus.
Halbtotale: z.B. ein Mensch oder eine Gruppe von Menschen (vollständig abgebildet) und deren unmittelbare Umgebung; z.B. eine Familie am Frühstückstisch in der Küche.
Halbnah: z.B. ein Mensch oder eine Gruppe von Menschen (unvollständig abgebildet; von Kopf bis zu den Knien) und ihre angedeutete Umgebung; z.B. eine Familie am Frühstückstisch.
Amerikanisch: z.B. ein Mensch vom Kopf bis zur Hüfte.
Nah: z.B. ein Mensch vom Kopf bis zum Oberkörper.
Groß bzw. Close-up: z.B. ein Gesicht.
Detail bzw. Makro: z.B. ein Augenpaar.

Establishing Shot: Eine Einstellung (Panorama oder Totale), die am Anfang des Films oder einer Szene in den Handlungsort einführt (z.B. Skyline von New York).

Kamerafahrt: Die gesamte Kamera wird bei laufender Aufnahme mit einem mobilen Hilfsmittel („Dolly" (Rollwagen), Auto ...) bewegt.

Montage: Der nach konzeptionellen (z.B. dramaturgischen) Gesichtspunkten organisierte „Schnitt" sowie die Verknüpfung von Bild- und Tonebene (auch „Ton-Bild-Montage"; z.B. beim Unterlegen eines Soundtracks, Voice Over ...).

On-Ton: Ton, dessen Quelle im Bild zu sehen ist.

Off-Ton: Ton, dessen Quelle nicht im Bild zu sehen ist (z.B. entferntes Bellen eines Hundes).

Perspektive: Definiert sich über den „Kameraannäherungswinkel" während der Aufnahme und damit über drei Paradigmen: die Horizontale, die Vertikale und die Kameraachse. Folgende Perspektiven lassen sich unterscheiden:
horizontal: von vorne; von hinten; seitlich.
vertikal: von oben („Aufsicht"; extrem: „Vogelperspektive"); von unten („Untersicht"; extrem: „Froschperspektive"); gerade („Normalsicht").
Kameraachse: natürlich (Gerade); schräg

Parallelmontage: Zwischen zwei Geschehnissen wird hin und her geschnitten.

Plansequenz: Eine Sequenz, die aus nur einer einzigen Einstellung besteht.

Schnitt:
a) allgemein: die technische Verknüpfung zweier Einstellungen, z.B. durch „harten Schnitt" oder „Überblende";
b) „harter Schnitt": Einstellungen folgen ohne Übergang aufeinander (im Gegensatz zur „Überblende"; z.B. „Schnitt auf Groß von Tasse" = harter Schnitt auf eine Großeinstellung einer Tasse).

Schwenk: Kamerabewegung, bei der sich im Gegensatz zur „Fahrt" der Kamerastandort nicht verändert, vielmehr wird die Kamera entlang der vertikalen oder/und horizontalen Achse geschwenkt. Schwenk und Fahrt lassen sich kombinieren, wenn z.B. während einer Fahrt geschwenkt wird.

Sequenz: Eine Folge von Einstellungen oder Szenen, die einen gemeinsamen inhaltlichen Zusammenhang bilden.

Szene: Eine Folge von Einstellungen, die eine gemeinsame räumliche und zeitliche Einheit bilden.

Überblende: Während des Überblendens sind zwei Einstellungen gleichzeitig im Bild; die erste verschwindet immer mehr, wodurch die zweite Einstellung immer deutlicher zum Vorschein kommt, bis die erste Einstellung, „aus" der „in" die zweite „übergeblendet" wurde, nicht mehr zu sehen ist.

Voice Over: Eine Stimme (meist Erzählerstimme) wird in der Ton-Bild-Montage über das Bild gelegt, ohne dass der Sprecher im Bild zu sehen ist.

Zoom: Simulierte Kamerafahrt ohne Veränderung des Kamerastandortes durch Veränderung der Brennweite des Kameraobjektives; ein Zoom ermöglicht sowohl ein optisches Annähern an ein Objekt („heranzoomen"; z.B. „Zoom auf Groß von Tasse" = Heranzoomen, bis die Tasse in Großeinstellung im Bild ist) als auch ein Entfernen („wegzoomen").

Aus: Stefan Volk: Glossar ausgewählter Filmfachbegriffe. In: Filmanalyse im Unterricht – Zur Theorie und Praxis von Literaturverfilmungen. Reihe: EinFach Deutsch. Hrg. von Johannes Diekhans. Paderborn: Schöningh 2004, S. 346ff.

EinFach Deutsch

Unterrichtsmodelle

Herausgegeben von Johannes Diekhans

Ausgewählte Titel der Reihe:

Unterrichtsmodelle – Klassen 5 – 7

Germanische und deutsche Sagen
91 S., DIN A4, kart.   Best.-Nr. 022337

Otfried Preußler: Krabat
131 S., DIN A4, kart.   Best.-Nr. 022331

Unterrichtsmodelle – Klassen 8 – 10

Gottfried Keller: Kleider machen Leute
64 S., DIN A4, geh.   Best.-Nr. 022326

Das Tagebuch der Anne Frank
112 S., DIN A4, kart.   Best.-Nr. 022272

Friedrich Schiller: Wilhelm Tell
90 S., DIN A4, geh.   Best.-Nr. 022301

Unterrichtsmodelle – Gymnasiale Oberstufe

Barock
152 S., DIN A4, kart.   Best.-Nr. 022418

Romantik
155 S., DIN A4, kart.   Best.-Nr. 022382

Lyrik nach 1945
189 S., DIN A4, kart.   Best.-Nr. 022379

Bertolt Brecht: Leben des Galilei
112 S., DIN A4, kart.   Best.-Nr. 022286

Georg Büchner: Dantons Tod
143 S., DIN A4, kart.   Best.-Nr. 022369

Georg Büchner: Woyzeck
115 S., DIN A4, kart.   Best.-Nr. 022313

Friedrich Dürrenmatt: Der Besuch der alten Dame
124 S., DIN A4, kart.   Best.-Nr. 022417

Friedrich Dürrenmatt: Die Physiker
102 S., DIN A4, kart.   Best.-Nr. 022407

Theodor Fontane: Effi Briest
140 S., DIN A4, kart.   Best.-Nr. 022409

Theodor Fontane: Irrungen, Wirrungen
89 S., DIN A4, kart.   Best.-Nr. 022388

Max Frisch: Homo faber
88 S., DIN A4, geh.   Best.-Nr. 022315

Johann Wolfgang von Goethe: Faust I
145 S., DIN A4, kart.   Best.-Nr. 022277

Johann Wolfgang von Goethe: Die Leiden des jungen Werthers
128 S., DIN A4, kart.   Best.-Nr. 022365

Gerhart Hauptmann: Die Ratten
122 S., DIN A4, kart.   Best.-Nr. 022427

E.T.A. Hoffmann: Der Sandmann
123 S., DIN A4, kart.   Best.-Nr. 022357

Franz Kafka: Erzählungen
ca. 128 S., DIN A4, kart.   Best.-Nr. 022422

Franz Kafka: Der Prozess
143 S., DIN A4, kart.   Best.-Nr. 022363

Heinrich von Kleist: Michael Kohlhaas
100 S., DIN A4, kart.   Best.-Nr. 022349

Gotthold Ephraim Lessing: Emilia Galotti
141 S., DIN A4, kart.   Best.-Nr. 022279

Robert Musil: Die Verwirrungen des Zöglings Törleß
153 S., DIN A4, kart.   Best.-Nr. 022400

Friedrich Schiller: Don Carlos
182 S., DIN A4, kart.   Best.-Nr. 022420

Friedrich Schiller: Die Räuber und andere Räubergeschichten
134 S., DIN A4, kart.   Best.-Nr. 022343

Christa Wolf: Kassandra
109 S., DIN A4, kart.   Best.-Nr. 022393

Schöningh Verlag
Postfach 2540
33055 Paderborn

Schöningh

Fordern Sie unseren Prospekt zur kompletten Reihe an:
Informationen 0800 / 18 18 787 (freecall)
info@schoeningh.de / www.schoeningh-schulbuch.de